Erlenmeyer/Hangebrauck

Mediation

Unter Mitwirkung von Inka Heisig

1. Auflage 2008

ISBN 978-3-86724-110-6

1. Auflage 2008

Bezug möglich direkt vom Verlag
Niederle Media
48341 Altenberge
Fax (02505) 93 98 99
E-Mail: info@niederle-media.de
www.niederle-media.de

Druck:
OPOLgraf SA

▶ Inhalt

1. Teil: Grundlagen

Viele Pädagogen, Psychologen, Soziologen und Juristen beschäftigen sich zunehmend mit der Mediation als Haupt- und Nebenqualifikation. Beispielsweise gehört die Mediation nach § 5 Abs. 3 DRiG seit 2003 neben anderen „soft skills“ zu den sog. **Schlüsselqualifikationen**, die im Rahmen der universitären juristischen Ausbildung zu erwerben sind.

Dieses Skript kann nur einen **Überblick** über die Mediation bieten und anhand von praktischen Beispielen einen Einblick in die Mediation liefern. Es stellt nur eine erste Einführung dar. Mediation kann nach unserem Verständnis nur durch eine praktische Ausbildung erlernt werden. Dieses Skript ist dafür gedacht, in das Thema einzuführen und die Ausbildung zu begleiten.

A. Was ist Mediation?

„Mediation“ bedeutet wörtlich übersetzt **Vermittlung.**

Mediation ist die Vermittlung im Konflikt durch allparteiliche Dritte. Die vermittelnden Mediatoren helfen den Streitenden, zu einer einvernehmlichen Lösung zu kommen. Die Aufgabe des Mediators liegt darin, die streitenden Parteien zu unterstützen, eine eigenverantwortliche, ihren Interessen und Bedürfnissen entsprechende Konfliktlösung zu erarbeiten. Alle sollen durch die Lösung gewinnen, das sogenannte „Win-Win-Ergebnis“ erreichen. Nicht selten werden hier Lösungen erarbeitet, die in einem Gerichtsverfahren nicht zu erzielen gewesen wären und von denen auch die Medianten vorher nie gedacht hätten, dass sie möglich wären.

Die Mediation ist ein **konstruktives Konfliktlösungsverfahren**. Vermittler und Konfliktparteien hören sich die Anliegen aller Beteiligten an, unterstützen sie dabei, ihre Gefühle auszudrücken und helfen bei der Klärung der eigentlichen Interessen. Die Konfliktparteien erfahren durch diese Vorgehensweise, welches die eigentlichen Probleme, Gefühle und Interessen der anderen Seite sind. In einem geschützten Rahmen eines solchen Gespräches können sie Verständnis und neues Vertrauen zueinander entwickeln und schließlich an einer gemeinsamen Lösung ihrer Probleme arbeiten.

Das Ziel der Mediation ist die Vereinbarung, die alle Konfliktparteien unterschreiben, umsetzen und in einem späteren Bilanzgespräch überprüfen.

Das Verhandlungsergebnis ist nicht bindend, solange nicht alle Beteiligten zugestimmt haben.

Die Mediation ist freiwillig.

Merkmale der Mediation

- Der vermittelnde Mediator ist immer anwesend,
- die Einbeziehung aller Konfliktparteien, die in der Regel auch anwesend sind,
- die informelle, außergerichtliche Ebene,
- die Freiwilligkeit der Teilnehmer am Mediationsverfahren,
- die Selbstbestimmung bzgl. der Konfliktlösung, das bedeutet, die Entscheidungsbefugnis wird nicht an Dritte abgegeben.

Im 1. Teil wird die Mediation anhand einer möglichen Definition erklärt. Im 2. Teil wird das Mediationsverfahren dargestellt. Der 3. Teil beschäftigt sich mit den Techniken der Mediation. Im 4. Teil wird schließlich auf Ursprung, Recht, Ausbildung und ähnliches eingegangen.

B. Begriff der Mediation

Definiert werden kann Mediation wie folgt:

In einem *strukturierten Verfahren* hilft ein neutraler Dritter ohne Entscheidungsgewalt [*der Mediator*] den Parteien [*den Medianten*] eine *einvernehmliche Lösung* zu entwickeln, um so einen *Konflikt* zu lösen.

Es gibt allerdings keine gesetzliche, nicht einmal eine wissenschaftliche Definition des Begriffs Mediation. Was genau unter einer Mediation verstanden wird, ist nicht vereinheitlicht.
Greitner zählt in dem Handbuch der Mediation (2002, § 12 Rdn 1, S. 287) verschiedene Umschreibungen auf. Danach wird unter Mediation verstanden:

1. Das gemeinsame Gespräch des Mediators mit den Parteien ohne etwaige Einzelgespräche zwischen dem Mediator und einer einzelnen Partei.

2. Das gemeinsame Gespräch des Mediators mit den Parteien mit Einzelgesprächen zwischen dem Mediator und einer Partei.

3. Nur Einzelgespräche des Mediators mit jeweils einer Partei (sog. shuttle diplomacy). Erst bei Vorliegen eines Ergebnisses findet ein gemeinsames Gespräch statt.

4. Jeweils 1-3, der Mediator bringt aber keine eigenen Vorschläge ein.

5. Der Mediator hilft mit eigenen Vorschlägen nur dann weiter, wenn die Parteien aus eigenem Antrieb nicht mehr weiterkommen.

6. Primär der Mediator erarbeitet Vorschläge und unterbreitet sie den Parteien.

7. Der Mediator zwingt seine Vorschläge den Parteien auf.

Letzteres ist nach deutschen Maßstäben nicht als Mediation zu verstehen. Bei den anderen Beschreibungen ist dies nicht so deutlich zu sagen.

Bei der Begriffsbestimmung der Mediation sind zwei Fragestellungen von Bedeutung: Es geht einmal um Frage, ob Einzelgespräche geführt werden und einmal darum, ob der Mediator Einfluss auf die Lösung nehmen darf.

Diese Detailfragen werden im zweiten Teil (bei der Konflikterhellungs- sowie bei der Ideenphase) näher erläutert, nachdem nun zunächst die in Definition kursiv gedruckten Begriffe erklärt werden.

Die Darstellung beginnt mit dem

zugrunde liegenden ***Konflikt***.

Dann werden *die* ***Lösung des Konfliktes,***

die ***Einvernehmlichkeit der Lösung***, und

der Lösungsweg – ***das strukturiertes Verfahren*** – erklärt.

Die Verfahrensbeteiligten der Mediation, der Wächter über das Verfahren (***der Mediator)*** und

die Konfliktparteien (***die Medianten***) werden abschließend dargestellt.

> Der Begriff der Mediation ist nicht gesetzlich definiert. Was genau Mediation umfasst, wird in Wissenschaft und Praxis unterschiedlich verstanden und dargestellt.

I. Der Konflikt

Im Mittelpunkt der Mediation steht der Konflikt. Der Begriff Konflikt kommt aus dem Lateinischen und bedeutet ein „Zusammenstoßen“.

1. Was ist ein Konflikt?

Ein Konflikt besteht, wenn zwei Interessen - zumindest scheinbar - nicht gleichzeitig verwirklicht werden können. Veranschaulichen lässt sich dies an folgendem

Beispiel: Michi will ins Kino, Susi will in Theater.

Meistens werden mit dem Begriff Interessenauseinandersetzungen zwischen mehreren Person verbunden. Es gibt aber natürlich auch Konflikte in einer Person.

Beispiel: Michi weiß nicht, ob er ins Kino gehen oder besser für sein Examen lernen soll.

In der Regel – wenn man es abstrahiert, eigentlich immer – haben es Konflikte gemeinsam, dass sie ein Zusammengehen beinhalten. Der Konflikt besteht darin, dass die Parteien in irgendeiner Form miteinander verbunden sind.

Beispiel: Wenn Michi ins Kino geht und Susi ins Theater, besteht ja kein Konflikt mehr.

Eigentlich könnten nun alle glücklich sein. Das gemeinsame Ziel, oder besser ein übergreifendes Interesse, ist Teil des Konflikts.

Beispiel: Wenn Michi sagt, er will ins Kino, ist das zu kurz gegriffen. Er will mit Susi ins Kino.

Um einen Konflikt zu lösen, muss das **übergreifende Interesse** herausgearbeitet werden. Selbst wenn es offensichtlich ist, ist das Herausarbeiten dieser Tatsache zur Behebung des Konfliktes erforderlich.

Bei komplexeren Themen kann dies sogar das Hauptziel sein. Natürlich gibt es auch Fälle, in denen das Verbindende nicht so offensichtlich ist.

Beispiel: Der Graffitisprayer und der Werbetafelaufsteller wollen beide auf ihre Art eine Wand gestalten, um sich auf diese Weise auszudrücken. Hier wollen beide die Ressource „Freifläche“ für sich nutzen. Und beide wären froh wenn der andere darauf verzichten würde. Trotzdem besteht eine Verbindung über das gemeinsame Interesse der Gestaltung der Freifläche. Das kann als Ausgangspunkt genutzt werden, um den Konflikt zu lösen und eine für beide vorteilhafte Lösung herbeizuführen, etwa, dass der Graffitisprayer umsonst Werbung auf die Wand sprüht, aber die Spraydosen erhält.

Ein Konflikt liegt vor, wenn zwei Interessen zumindest dem Anschein nach nicht zeitgleich zu verwirklichen sind.

2. Warum entsteht ein Konflikt?

Zur Entstehung eines Konfliktes gehören verschiedene Aspekte:

Ein Konflikt entsteht beispielsweise, weil gegensätzliche Interessen vorhanden sind oder aber Bedürfnisse oder Interessen übergangen oder nicht ausreichend beachtet werden.

In der Mediation ist es oft einfacher, sich mit dem Konflikt auseinanderzusetzen und zu einer Lösung zu kommen, wenn der Konflikt auf gegensätzlichen Interessen beruht, da die Interessen meist bekannt sind. Schwieriger ist es, wenn ein Konflikt im Hintergrund schwelt, weil er auf den nicht ausgesprochenen Verletzungen (oder Ähnlichem) beruht, die beispielsweise durch das Übergehen der Bedürfnisse anderer entstanden sind.

Beispiel: Arne und Martin arbeiten zusammen. Es kommt zwischen ihnen regelmäßig zu Streit. In der Mediation kommt heraus, dass sich Arne von Martin missachtet fühlt. Martin sei herablassend, arrogant und eitel. Dies zeige sich z. B. daran, dass er ihm zur Begrüßung nie die Hand schüttelt. In dem Mediationsgespräch wird deutlich, dass Martin von dem Konflikt nichts weiß, sondern sich darüber gewundert hat, dass der Arne ihm so aggressiv gegenübergetreten ist. Das mit dem Händeschütteln und der Begrüßung habe er selbst gar nicht wahrgenommen.

Es kann an verschiedenen Gründen liegen, dass Martin dies nicht wahrnimmt. Zum Beispiel kann es sein, dass es in Martins Kulturkreis unüblich ist, sich die Hände zu schütteln. Martin kann Angst haben oder zu schüchtern sein, andere Leute anzusprechen. Es kann auch sein, dass Martin kurzsichtig ist, keine Brille trägt und alle Leute übersieht, die ihm über den Weg laufen. Martin kann auch davon ausgehen, dass Arne es für unüblich hält usw. Das alles muss herausgearbeitet werden. Geschieht dies, tritt meist schon die erste Versöhnung ein.

Ein Problem kann darin bestehen, dass eine Partei **nicht weiß oder nicht wissen will**, dass sie sich im Konflikt befindet: Es kommt vor, dass die Person tatsächlich keine Kenntnis darüber hat, dass sie sich in einem Konflikt befindet. Reduzieren könnte man dies auf folgendes Bild:

Beispiel: Der schwere Peter steht auf dem Fuß der zarten Lisa, ohne dies zu merken.

Dies ist der leichtere Fall, da der Peter, wenn er darauf aufmerksam gemacht wird, oftmals einsehen wird, dass ein Konflikt besteht.

Schwierig ist es, wenn der zweite seine **Beteiligung abstreitet**. Das sind Fälle, in denen der Konflikt zwar als solcher wahrgenommen wird, sich eine Partei aber der Erkenntnis verweigert, selbst zum Konflikt beizutragen. Hierbei handelt es sich oft um Fälle des **sozialadäquaten Verhaltens**, in denen sich die eine Partei auf ihr „gutes" Recht beruft. Das führt leicht zu dem Standpunkt, dass es nichts zu „verhandeln" gibt.

Beispiel: Der Dieter parkt jeden Tag ordnungsgemäß mit seinem großen Lieferwagen mehrere Stunden vor dem kleinen Imbiss des Klaus. Dieser ist darüber empört, weil der Imbiss jetzt von der Straße aus nicht mehr wahrgenommen wird. Seine Umsätze gehen stark zurück. Dieter versteht den Ärger des Klaus nicht, denn er dürfe dort ja parken.

Eine Person, die wie Dieter ihre Beteiligung am Konflikt abstreitet, an den Mediationstisch zu holen, ist oft die erste Aufgabe des Mediators (dazu unten im 2. Teil mehr im Rahmen der **Vorphase**).

Verschärft wird die Situation noch bei **interkulturellen Konflikten**, bei denen der Konflikt auf unterschiedlichen Normen und Werten von Kulturen beruht.

Beispiel: Der neue Geschäftspartner aus Jordanien, Abduhlla Hussein, kommt zu Joachim Sauer nach Hause. Es geht um ein großes Geschäft. Zur Stromerzeugung soll eine Pipeline vom Roten Meer zum tiefergelegenen Toten Meer gebaut werden. Sauers Frau Angelika hat Schnittchen bereitet. Sie stellt einen Teller mit Schnittchen auf den Tisch und sagt: „Bedienen Sie sich!" und nimmt sich eine Wurstschnitte. Abduhlla hat großen Hunger, im Flugzeug gab es nicht mal Erdnüsse. Aus Höflichkeit lehnt er dankend ab. Angie und Joachim sind sauer. Noch spät in der Nacht regt sich Angie auf: "Der war sich wohl zu fein für meine Schnittchen". Angie und Joachim wussten nicht, das es in vielen Ländern üblich ist, öfters gefragt zu werden und das erste Mal kategorisch abzulehnen. Auch Abduhlla ist noch wach vor Hunger und denkt sich: „Deutsche Ingenieurskunst schön und gut, aber so was von unhöflich, die wollten ihre Schnittchen wohl alleine haben!"

Beispiel: Der deutsche Heinz, hat sich bei der englischen Firma Smith beworben. Nach dem Vorstellungsgespräch mit Smith ging Heinz davon aus die Stelle zu bekommen. Auch in der Firma Smith war nach dem Gespräch eigentlich klar, dass der Heinz die Stelle ideal besetzen würde. Aufgrund seiner guten Zeugnisse und seiner Berufserfahrung bekam Heinz auch andere Stellenangebote, die er im Hinblick auf die Smith-Stelle ausgeschlagen hatte. Nach einer gewissen Zeit stellt Smith allerdings eine andere Person ein. Smith hat nicht damit gerechnet, dass Heinz noch interessiert ist, da er sich nicht gemeldet hatte. Bei Bewerbungen im angloamerikanischen Raum ist es üblich, dass der Bewerber nach einer gewissen Zeit von sich aus nach dem Stand der Bewerbung fragt. Heinz wusste davon nichts. Er verlangt nun von Smith Einstellung, ansonsten Schadensersatz in Höhe von mehreren Monatsgehältern.

In einem Mediationsverfahren kommt es dann zur Lösung des Konflikts maßgeblich darauf an, herauszuarbeiten, dass der Konflikt auf den unterschiedlichen Erwartungen beruht, die aus verschiedenen kulturellen Gewohnheiten entstanden sind.

a) Bedürfnisse

Zahlreiche Konflikte entstehen aus der Tatsache heraus, dass die Bedürfnisse anderer Personen nicht oder nicht ausreichend wahrgenommen werden.

Dem Konflikt liegen in der Regel **unerfüllte Bedürfnisse und Interessen zugrunde**. Die Gefühle, die dabei entstehen, führen zu Verwirrung und Unlösbarkeit, wenn der Konflikt nicht in angemessener Art bearbeitet wird. Oft sind die hinter einem Konflikt stehenden Bedürfnisse nicht bekannt. Wie die Spitze eines Eisberges ragt nur der vordergründige Teil des Konflikts hervor. Verdeckte Bedürfnisse und Interessen sind hingegen unter der Wasseroberfläche (siehe dazu gleich beim Eisbergmodell) verborgen.

Die folgende Liste der Bedürfnisse ist nicht abschließend und soll nur als Anregung dienen, welche Bedürfnisse in einem Konflikt eine Rolle spielen können. Die hier gewählte Reihenfolge hat nicht zwingend mit einer Gewichtung der Bedürfnisse zu tun. Gleichwohl sind für die Konfliktparteien gewisse Grundbedürfnisse vorrangig, bevor andere Bedürfnisse von Interesse sind (sog. **Maslow´sche Bedürfnispyramide**).

aa) Bedürfnissen

Körperliche Bedürfnisse
Atmen
Schlafen / Ausruhen
Trinken / Essen
Obdach / Schutz / Wärme / Sicherheit
Sensorische Anregungen / Berührungen / Bewegung
Licht

Emotionale Bedürfnisse
Selbstständigkeit / Selbstbehauptung
Selbstvertrauen
Kreativität
Begeisterung / Bewunderung
Integrität (Übereinstimmung zwischen Handeln und eigenen Werten)
Ehrlichkeit / Echtheit

Soziale Bedürfnisse
Sicherheit / Fürsorge
Zugehörigkeit / Solidarität / Beteiligung / Zustimmung
Anerkennung / Wertschätzung
Unterstützung / Ermutigung
Einfühlung
Vertrauen / Hingabe
Bildung
Intimität / Nähe / Zärtlichkeit / Geborgenheit
Sexualität

Geistige Bedürfnisse
Verständnis / Sinnhaftigkeit / Ordnung
Harmonie / Friede / Schönheit
Ordnung / Rituale
Feiern
Transzendenz / Spiritualität

> Auslösungspunkte für Konflikte sind oft Bedürfnisse verschiedener Personen, die nicht oder nicht ausreichend wahrgenommen werden.

Manchmal sind der betroffenen Partei ihre Interessen und Bedürfnisse bekannt. Oft weiß die Partei aber auch selber nicht, welche Interessen und Bedürfnisse ihr Verhalten lenken, oder sie will es sich und anderen nicht eingestehen.

Beispiel: In der Gartenkolonie zur „Friedlichen Welt“ ruft Kleingärtner Spieß jeden Samstagabend um 23 Uhr die Polizei, weil der Nachbar Jung mit reichlich Gästen und lauter Musik feiert. Die Polizei erscheint regelmäßig eine Stunde später und erklärt, die Musik müsse leiser gestellt werden. Der Jung kommt dem nach. Jung und seine Gäste feiern weiter und diskutieren lautstark über den blöden Spieß.

In einer Mediation würden neben dem offenkundigen Interessenkonflikt zwischen der Freiheit, seine Ruhe zu haben und der Freiheit zu Feiern auch die verborgenen Gründe der Beteiligten herausgearbeitet werden. Der Nachbar Spieß ist vielleicht alleine, und würde eigentlich auch gerne mitfeiern oder er ärgert sich, dass er nicht gefragt wurde. Der Nachbar Jung fand die Art, in der sich Spieß zum ersten Mal beschwert hat, von Anfang an unsympathisch und macht seitdem die Musik erst recht laut.

bb) Eisbergmodell

Bei einem Eisberg liegen etwa 9/10 der Masse unter der Wasseroberfläche. Vergleichbar ist dies mit dem Beziehungs-, Gefühls- und Interessenaspekt zwischen Konfliktparteien.

Das Offensichtliche ist nur die Spitze des Konflikts. Wie beim Eisberg ist die darunter liegende Masse aber unbekannt. Dritte bzw. die andere Partei können unmittelbar nur die über der Wasseroberfläche liegende, den Sachinhalt betreffende Aussage wahrnehmen.

Unter der Oberfläche schweben aber Ziele, Motive, Wünsche und Gefühle einer Person. Diese nicht sichtbaren Elemente sind es, die bei Streitenden oft zu Missverständnissen und Gegensätzen führen können.

Besonders deutlich wird dies bei Scheidungsmediationen, dort sind Häuser aber auch das Sorgerecht für die Kinder nur vermeintlich Grundlage des Konflikts, tatsächlich sind andere Bedürfnisse und Interessen Ursprung des Konflikts.

Aufgabe des Mediators ist es also, diejenigen Aspekte zum Vorschein zu bringen, die unter der Wasseroberfläche verborgen sind.

Beispiel: Im Winter, Weihnachtsfeiertage, nachts: Ein Mann läuft die Berliner Straße Unter den Linden entlang. Weit und breit sind kein Mensch und kein Auto zu sehen. Schneeregen; dem Mann ist kalt. Er trifft auf eine große unbefahrene Querstraße. An der Ecke stehen zwei frierende Polizisten und bewachen ein Botschaftsgebäude. Im schnellen Schritt geht der Mann weiter auf die mittlerweile rote Ampel zu und betritt die Straße. Hinter sich hört er ein „Halt!“. Verdutzt dreht er sich um. Er denkt sich, die können doch nicht ernsthaft meinen, dass er jetzt wegen der roten Ampel stehen bleibt. „Es ist rot, bleiben Sie mal stehen“, befiehlt der Polizist. Der Mann fragt, warum, es sei kalt und nass, es gebe keinen Grund, hier stehen zu bleiben. Der Polizist entgegnet: „Doch! Es ist mir egal, was Sie machen, wenn ich nicht da bin, aber jetzt bin ich da und dann gehen Sie nicht bei rot.“ Kopfschüttelnd geht der Mann weiter. Die Ampel ist mittlerweile grün.

Die rote Ampel ist hier, auf das Eisbergmodell übertragen, nur die Spitze des Eisbergs. Tatsächlich geht es dem Polizisten aber nicht (nur) um das Einhalten von Rechts- und Ordnungsnormen, sondern um etwas anderes, um sein Geltungsbedürfnis, um sein „gehört werden“. Er hat ein Interesse daran, als Autorität wahrgenommen zu werden. Bezogen auf das Eisbergmodell ist dies die unter der Wasseroberfläche vorhandene Fläche.

Dieses **„gehört werden“** ist ein zentraler Bestandteil der Mediation und generell bei Konfliktlösungen. In der Mediation selbst muss den Konfliktparteien immer Raum geben werden, ihre Bedürfnisse und Gefühle zu äußern.

Anders als in der juristischen Problemlösung, in der ein Sachverhalt auf die – aus juristischer Perspektive – wesentlichen Punkte verkürzt wird, Emotionales und anderes Drumherum grundsätzlich keinen Platz haben, wird der „Sachverhalt“ in der Mediation ausgebreitet. Gefühle und Bedürfnisse werden hervorgeholt. Der Mediator bestärkt die Medianten darin, indem er etwa fragt: „Wie haben Sie sich denn gefühlt, als...“. Es kann auch günstig sein, die andere Partei aufzufordern, sich in die Lage der anderen Partei zu versetzen und zu schildern, was sie in einer solchen Situation fühlen würde (mehr dazu im 3. Teil bei den **Gesprächstechniken**).

Dem Konflikt liegen oft auch andere Bedürfnisse zugrunde, als dies auf den ersten Blick der Fall zu sein scheint. In dem obigen Polizistenfall war der Polizist vielleicht auch neidisch, weil der Mann nach Hause gehen konnte und er im Schnee stehen bleiben musste. Und der Mann wollte vielleicht den Polizisten auch provozieren. Wichtig ist, dass der eigentliche Sachkonflikt „bei rot musst du stehen“ schon weit weg ist.

Das sog. Eisbergmodell zeigt, dass das Offensichtliche nur die Spitze des Konflikts ist, wie beim Eisberg ist die darunter liegende Masse aber unbekannt. Die Bedürfnisse liegen oftmals verborgen.

b) Eskalationsstufen

Konflikte sind dynamisch. Ihre Intensität ist nicht immer gleich. Mit dem Konflikteskalationsmodell nach *Friedrich Glasl* (Konfliktmanagement, 8. Aufl., 2004) lassen sich neun Stufen der Konflikteskalation voneinander abgrenzen. Ein eskalierender Konflikt entwickelt dabei eine innere Dynamik, die ihn von Stufe zu Stufe treibt: Die Bewegungsspielräume schränken sich immer weiter ein und die Sache, um die es geht, drängt immer weiter in den Hintergrund.

Ein Konflikt kann dabei eine gewisse Zeit auf einer Stufe stehen bleiben. Durch bewusste oder unbewusste Handlungen kann die nächste Stufe der Eskalation erreicht werden. Das Konflikteskalationsmodell dient dazu, Konflikte zu analysieren und entsprechend reagieren zu können. Je nachdem, auf welcher Stufe der Eskalation sich die Parteien eines Konflikts befinden, kann eine Mediation noch nicht oder nicht mehr sinnvoll sein.

Beispiel einer Konflikteskalation: Die nicht verheirateten Melanie und Wolfgang haben sich getrennt, da Wolfgang die Jennifer kennen gelernt hat. Melanie und Wolfgang haben zwei gemeinsame Kinder. Wolfgang ist ausgezogen. Zunächst haben sie versucht, sich gütlich über alles zu einigen. Zunehmend bekommen sie aber vom anderen den Eindruck, er wolle nur seinen eigenen Vorteil aus der Sache ziehen. Sie beginnen, sich gegenseitig herabzuwürdigen. Wolfgang provoziert, indem er die Kinder, die bei Melanie wohnen, später als vereinbart zurückbringt. Melanie macht Wolfgang in ihrem gemeinsamen Freundeskreis schlecht und hetzt ihre Eltern gegen ihn auf. Freunde und Verwandte beginnen sich abzuwenden. Melanie behauptet auch, Wolfgang habe sie in der

Beziehung geschlagen. Wolfgang reagiert darauf, indem er der Melanie androht, an die „große Glocke“ zu hängen, dass sie ihrerseits als Kind misshandelt wurde. Außerdem macht er den Kindern weis, dass ihre Mutter psychische Probleme habe und sie bei ihr gefährdet sein. Für beide Parteien wird die Auseinandersetzung zum „Mittelpunkt“. Jeder überlegt, wie er dem anderen schaden kann. Melanie vernichtet wichtige Geschäftspost, die zu der ehemals gemeinsamen Wohnung gesendet wird und stellt Wolfgang bei Geschäftsanrufen als Alkoholiker dar. Dieser belästigt sie als Revanche seinerseits mit nächtlichen Drohanrufen. Hierauf reagiert Melanie mit einer Strafanzeige. Wolfgang verlangt, dass die Kinder auch bei ihm schlafen dürfen, um sie aus der Verwahrlosung zu befeien. Es kommst zu einer gerichtlichen Sorgerecht-Auseinandersetzung. In dieser deutet Melanie bewusst wahrheitswidrig an, dass Wolfgang gegenüber den Kindern sexuell übergriffig war. Zufällig treffen sich beide am Hauptbahnhof. Schnell kommt es von einem Wortgefecht zu Handgreiflichkeiten. Melanie und Wolfgang schlagen aufeinander ein. Sie stürzen auf die Gleise.

aa) Die neun Konflikteskalationsstufen nach Glasl

1. Stufe: Spannung/Verhärtung

Der Konflikt beginnt mit alltäglichen Spannungen, etwa durch das Aufeinanderprallen von Meinungen. Die Standpunkte verhärten sich und prallen immer stärker aufeinander. Das Bewusstsein von der bestehenden Spannung bewirkt Ausrutscher und Verkrampfungen. Die Parteien gehen aber davon aus, dass die Spannungen noch durch Gespräche zu lösen sind.

2. Stufe: Debatte/Polemik

Meinungsverschiedenheiten werden zu einem Streit, der Ton wird schärfer. Die Kommunikation ist nur noch scheinbar sachlich, es gibt polemische Untertöne. Die Denkweise der Parteien polarisiert ebenso wie das Fühlen und Wollen. Eine Schwarz-Weiß-Sichtweise tritt zum Vorschein. Die Parteien setzen sich mit vermeintlich rationalen Argumenten unter Druck, eine Sichtweise von Über- und Unterlegenheit tritt ein.

3. Stufe: Aktionen/Taten statt Worte

Die Parteien gewinnen die Einsicht, dass Reden nichts mehr hilft und brechen die Kommunikation ab. Sie stellen sich gegenseitig vor vollendete Tatsachen. Fehlinterpretationen beschleunigen die Konfliktdynamik.

4. Stufe: Koalitionen/Gruppen/Images

Es geht den Parteien nicht mehr um die Sache, sondern darum, den Konflikt zu gewinnen und den Gegner verlieren zu sehen. Der Gegner wird mit Hilfe von Klischees und Stereotypen in ein negatives Licht gerückt. Die Parteien tragen den Streit in die Öffentlichkeit und suchen Anhänger für ihre Sache und streuen gezielt Gerüchte über den Gegner. Die Wahrnehmung über den Gegner ändert sich.

5. Stufe: Gesichtsverlust

Der Gesichtsverlust des Gegners durch inszenierte Unterstellungen etc. wird zum Ziel der Aktionen, es werden verbotene öffentliche und direkte Angriffe zur Demütigung gestartet. Die moralische Glaubwürdigkeit des Gegners soll durch gezielte Polarisierungen beschädigt werden. Der Gegner wird zum „Teufel in Menschengestalt“. Beide Parteien geraten durch gegenseitiges Ausstoßen in die Isolation.

6. Stufe: Drohungen/Drohstrategien

Auf Drohungen folgen Gegendrohungen, die Parteien geraten in Handlungszwänge. Die Drohungen, auch mit Gewalt, sollen die eigene Macht demonstrieren. Gegenseitige Ultimaten führen durch Stress zu einer weiteren Eskalation des Konflikts.

7. Stufe: Begrenzte Vernichtungsschläge

Das Gegenüber wird nicht mehr als Mensch wahrgenommen, es findet ein Denken in „Ding“-Kategorien statt. Die begrenzte Zerstörung des Gegners mit dem Ziel der Entmachtung durch dosierte Aktionen wird als „passende Antwort“ empfunden. Tugenden und Werte werden ins Gegenteil verkehrt. Ein kleinerer eigener Schaden wird als Gewinn verbucht, wenn der Schaden des Gegners größer ist.

8. Stufe: Zerstörung/Zersplitterung

Ziel von intensiven Vernichtungsaktionen ist der Zusammenbruch des Gegners durch Zerstörung von allen Zeichen der Vitalität des „gegnerischen Systems“.

9. Stufe: Gemeinsam in den Abgrund

Es gibt aufgrund der Massivität der eingesetzten Gewalt keinen Weg mehr zurück. Es kommt zu einer totalen Konfrontation. Die eigene Vernichtung wird in Kauf genommen, um den Gegner zu besiegen.

bb) Mediationseignung

Ob eine Mediation zweckmäßig ist, ist nicht von der Eskalationsstufe abhängig, sondern von der Art des Konflikts. Letztendlich sind Mediationsverfahren in allen Stufen der Eskalation denkbar. Es ist zwar tendenziell so, dass ein Machteingriff Dritter erforderlich ist, wenn eine fortgeschrittene Stufe der Eskalation erreicht ist. Nicht selten zeigt sich aber bei einer solchen Eskalationsstufe, dass auch Dritte keine zufriedenstellende Lösung des Konflikts mehr bewirken können. Daher können Mediationsverfahren auch dann sinnvoll sein, wenn ein Konflikt äußerst verfahren ist.

> Ein Konflikt lässt sich seinem typischen Geschehensablauf nach in neun Stufen der Konflikteskalation einteilen.
>
> Generelle Angaben, ab welcher Eskalationsstufe eine Mediation nicht mehr zweckmäßig und ein Machteingriff eines Dritten erforderlich ist, kann man nicht machen.

Exkurs: Über die Wahrheit

Mediation und Konflikte haben viel mit Wahrheit zu tun. Im Mediationsgespräch werden die Konfliktparteien oft beide von ihrer (subjektiven) Wahrheit ausgehen, und sie als objektive Wahrheit – als „richtig“ – darstellen. Diese Aussage enthält aus Sicht der anderen Partei leicht den Vorwurf, der Inhalt ihrer Ansicht sei falsch, also unwahr. Oft werden beide Parteien behaupten, dass ihre Darstellung der Wahrheit entspräche und beide haben damit „Recht“.

Da zwei Personen nicht zur gleichen Zeit an ein und demselben Ort sein können, können zwei Personen auch niemals das Gleiche wahrnehmen. Selbst wenn es möglich wäre, ein Objekt exakt zu beschreiben, müssen sich die Beschreibungen unterscheiden, da sie zu unterschiedlichen Zeitpunkten gemacht wurden.

Auch wenn der zweite Betrachter nach einigen Minuten einen Baum von genau demselben *Standpunkt* aus ansieht, handelt ist es sich um eine bloße Vermutung, dass er das Gleiche sieht. Eine **objektive Wahrheit** gibt es also **nicht**.

Experiment:
Dies soll folgendes Experiment veranschaulichen, welches auch in ein Mediationsgespräch eingebracht werden kann.

Konstanze und Michael sollen dazu aufstehen und sich gegenüber stellen. Hilfsweise kann der Mediator noch einige Gegenstände verstellen. Beide sollen kurz beschreiben, was sie sehen. Der Mediator fragt dann die Konfliktparteien, ob die Darstellung dessen, was der andere gerade sieht, der Wahrheit entspricht. Regelmäßig muss darauf geantwortet werden: „Ich weiß es nicht!“ oder „Ich kann es nicht wissen“, aber auch „davon gehe ich aus“ oder ähnliches wäre eine akzeptable Antwort, vielleicht aber auch „ja“. Die unterschiedlichen Ansichten sind dann zu thematisieren. Wichtig ist, dass durch das Modellhafte den Parteien veranschaulicht wird, dass es unterschiedliche Wahrheiten gibt. Dies sollen die Parteien dann auf ihren Konflikt übertragen.

3. Konfliktarten, -typen und -erscheinungsformen

Es gibt verschiedene Konfliktarten und -typen. Die Unterscheidung der Konflikte nach ihrer Ursache ist die nach der Konfliktart. Wie eine Person mit einem Konflikt umgeht, ist die Unterscheidung der Konflikttypen.

a) Die fünf Konfliktarten

Zunächst zu den Konfliktarten. Es kann sich bei einem Konflikt um einen **Sachverhaltskonflikt** handeln. Merkmale und Ursachen eines solchen Konflikts sind zunächst der Mangel an Informationen oder falsche Informationen. Auch kann eine unterschiedliche Einschätzung darüber bestehen, was wichtig ist, oder aber es besteht eine unterschiedliche Interpretation von Informationen und Daten. Zuletzt kann es auch um die unterschiedliche Vorgehensweise bzgl. der Bewertung gehen.

Interessenkonflikte können verursacht werden durch angenommene oder tatsächliche Konkurrenz, reale (inhaltliche) Interessen, Verfahrensinteressen sowie psychologische Interessen.

Bei dem Konflikt kann es sich auch um einen **Beziehungskonflikt** handeln, der ausgelöst werden kann durch starke Gefühle, Fehlwahrnehmungen oder Stereotypen, mangelnde Kommunikation sowie wiederholtes negatives Verhalten.

Wertekonflikte werden hervorgerufen durch verschiedene Kriterien zur Bewertung von Ideen oder Verhalten, durch ausschließende Ziele von innerem Wert sowie durch unterschiedliche Lebensformen. Reine Wertekonflikte werden als grundsätzlich nicht mediierbar angesehen.

Zuletzt kann der Konflikt auch ein **Strukturkonflikt** sein, der verursacht werden kann durch ungleiche Kontrolle, Eigentumsverhältnisse oder Verteilung von Ressourcen, ungleiche Entscheidungsgewalt, Macht und Autorität, Zeitzwänge, geographische, physische oder umweltbezogene Faktoren, welche die Zusammenarbeit behindern, ungleichen Zugang zu Informationen sowie durch destruktive Verhaltens- und Interaktionsmuster.

Tatsächlich sind Konflikte meist Mischformen der Konfliktarten.

b) Konflikttypen

Jeder Mensch geht mit Konflikten anders um. Es lassen sich hierbei verschiedene Konflikttypen ausmachen. In der Mediation ist es praktisch, sich jeweils bewusst werden, mit welchen Konflikttypen man es vordergründig zu tun hat, um entsprechend reagieren zu können. Diese Einordnung darf jedoch nicht in dem Sinn verstanden werden, dass sich jeder Mensch in einen Typus „pressen“ lässt. Bei einem Menschen ist das Konfliktverhalten stets auch vom Konflikt abhängig. Im Regelfall überschneiden sich die einzelnen Konflikttypen.

Fluchttyp: Wie bereits dargestellt, wissen Medianten oftmals nicht, dass sie überhaupt einen Konflikt haben. Teilweise wird der Konflikt bzw. die Annahme seiner Existenz ganz einfach verweigert. Eine Verweigerungshaltung selbst kann ein aggressiver Akt sein. Der Fluchttyp entzieht sich dem Konflikt und der Auseinandersetzung durch Ausweichen und Flüchten, z.B. indem die Person nicht ans Telefon geht oder spät nach Hause kommt (bei Beziehungskonflikten).

Angriffstyp: Ganz anders der Angriffstyp. Nach dem Motto „Angriff ist die beste Verteidigung“ steht bei ihm eine aktive, initiative, aggressive Konfliktaustragung im Vordergrund, z. B. indem die Person den Gegner mit Vorwürfen und Schuldzuweisungen überhäuft.

Verteidigungstyp: Beim Verteidigungstyp verleiten eine schwache Ich-Ausprägung und Schuldgefühle zur ängstlichen defensiven Auseinandersetzung, z. B. indem Vorwürfe und Schuldzuweisungen des Angriffstyps lediglich zurückgewiesen werden, ohne von sich aus in die Offensive zu gehen.

Erstarrungstyp: Der Konflikt löst existenzielle Ängste aus; Erstarrung als einzige Möglichkeiten des „Überlebens“, z.B. das Einschließen im Zimmer bei einem Beziehungskonflikt.

c) Erscheinungsformen

Konflikte können auch hinsichtlich ihrer Erscheinungsformen, insbesondere bezüglich der Art der Austragung, unterschieden werden.

Es gibt sog. „heiße" und „kalte" Konflikte. Bei **„heißen" Konflikten** sind die Parteien eher belebt und tragen sehr emotional den Konflikt aus. Dabei sind sie meist von der Richtigkeit ihrer Äußerungen ausgesprochen überzeugt. **„Kalte" Konflikte** sind tendenziell von Pessimismus geprägt. Die Parteien haben sich damit abgefunden, dass ihr Konflikt nicht ohne weiteres aus dem Weg zu räumen ist und tragen mehr schlecht als recht ihre Argumente vor. Die Auseinandersetzung wird indirekt, oft über Dritte oder schriftlich, geführt.

Konflikte werden auch in gewaltfreie und gewaltsame Konflikte unterschieden. Was im Einzelnen Gewalt ist, ist außerordentlich umstritten. Der Gewaltbegriff unterliegt dem Zeitgeist. Allgemein lässt sich für heute sagen: Gewalt ist die Anwendung von physischem und psychischem Zwang gegenüber Menschen. Insbesondere, ob psychischer Zwang als Gewalt anzusehen ist, war lange umstritten. Gewalt gegen Sachen (nicht aber Tiere) ist wohl grundsätzlich nicht als Gewalt in diesem Sinn zu verstehen.

Es gibt verschiedene Gewalt: „retardierende Gewalt" (Ordnungsgewalt), z.B. Lehrer; „progressive Gewalt" (Änderungsgewalt), z.B. Guerilla, Gen-Mais, Graffiti; „strukturelle Gewalt" (indirekte Gewalt), z.B. Institutionen, Masse, Reichtum-Armut; und „personale Gewalt" (direkte Gewalt), z.B. Räuber, Polizist. Auch in aktiv und passiv kann Gewalt unterteilt werden, wobei gerade das Verüben von passiver Gewalt oft als gewaltlos und damit als unbeteiligt abgestritten wird. Der Gewalt haftet allgemeinen etwas Negatives an. Zumindest beim derzeitigen Gesellschaftsstand ist sie aber notwendig, um Interessen zu schützen und zu wahren. Sie ist auch notwendig, um Änderungen herbeizuführen und Neues zu schaffen, z.B. die Trennung als Voraussetzung für eine neue Beziehung.

Zuletzt lassen sich Konflikte auch hinsichtlich der **Einbettung in ein Verfahren** unterscheiden. So sind beispielsweise betriebsinterne Konflikte hinsichtlich ihrer Austragungsart im BetrVG geregelt. Auch schreiben größere Unternehmen vor, wie bei Entstehen eines Konflikts vorzugehen ist. Eine solche institutionalisierte Austragung des Konflikts hat den Vorteil, dass jeder Seite von vornherein weiß, wie der Weg durch den Konflikt aussieht.

4. Verhalten im Konflikt

Obwohl es verschiedene Konflikttypen gibt, die auf Konflikte ganz unterschiedlich reagieren, kann man typische Verhaltensmuster der Beteiligten ausmachen:

Oft haben Parteien im Konflikt eine sehr **selektive Wahrnehmung**; sie tragen „Scheuklappen". Dies kann sich etwa darin äußern, dass sie Aussagen der anderen Partei stets auf sich selbst beziehen, obwohl die Aussage noch andere Bedeutung haben kann. Nach dem System der vier Ohren nach *Schulz von Thun* (hierzu im 3. Teil bei der **verbalen Kommunikation**), würde dies ein übergroßes Beziehungsohr bedeuten

Zu dem im Konflikt typischen Verhalten gehört auch das sog. **sunk-cost-Problem**. Menschen sind in Konflikten oftmals eher bereit, hohe, aber unsichere Verluste zu riskieren, als geringe, aber sichere Verluste hinzunehmen. Dies führt dazu, dass sich Parteien bei Verhandlungen in einem Konflikt davor scheuen, bereits getätigte Aufwendungen zu opfern.

Beispiel: Die Firma Mock hat in ein Bauprojekt, das von Umweltaktivisten, Interessengruppen und Bürgerbewegungen bekämpft wird, etliche tausend Euro Entwicklungskosten gesteckt und mittlerweile sind hohe Anwaltskosten entstanden. Die Firma Mock wird sich sagen, dass sie im (möglicherweise aussichtslosen) Kampf gegen die Aktivisten weitermachen wird, da sie schon zu viel Geld investiert hat, als jetzt noch aufhören zu können. Sie wird daher weiter prozessieren und weitere Schäden, insbesondere einen Imageschaden, in Kauf nehmen.

Typisch für ein Konfliktverhalten ist auch, dass die Parteien ihren Konflikt mit anderen Themen **vermengen**. Andere Auseinandersetzungen, die mit dem eigentlichen Konflikt nichts zu tun haben, werden oft zur Verstärkung der eigenen Argumentation mit ins Spiel gebracht.

Beispiel: Bärbel, die ihrer Freundin Wiebke vorwirft, sie nicht zu unterstützen, sagt ihr: „Damals, vor drei Jahren, da hast du mir auch schon nicht geholfen."

Andere Themen werden herangezogen, um sie als zusätzliche Argumente gegen die andere Partei zu verwenden. Beim Gegenüber bewirkt dies allerdings, dass das Feindbild noch weiter verstärkt wird. Es führt nicht zu einer sachlichen Überzeugung, sondern trägt eher zu einer Eskalation bei. Dennoch kann es im Rahmen einer Mediation notwendig sein, andere Themen, Konflikte und Bedürfnisse anzusprechen.

Ursachen eines Konflikts werden durch Parteien oft unterschiedlich wahrgenommen. Jede Partei schiebt der anderen die Schuld für die Entstehung des Konflikts zu und nimmt ihr **eigenes Verhalten als bloße Reaktion** darauf wahr.

Beispiel: Birgit sagt zu Daniela: „Ich bin sauer, weil du immer schlecht über mich redest".

Daniela sagt zu Birgit: „Weil du immer sauer bist, rede ich schlecht über dich".

In einem fortgeschrittenen Konflikt wissen die Parteien oftmals gar nicht mehr, was die eigentliche Ursache des Konflikts war. Der Konflikt hat sich verselbständigt!

Außerdem neigen die Parteien im Konflikt dazu, Lösungsvorschläge der anderen Partei nicht mehr zu akzeptieren, da alles, was von dieser Seite kommt, ohnehin „schlecht" ist. Die **reaktive Abwertung** führt dazu, dass positive Eigenschaften des Gegenübers nicht mehr erkannt werden. Der Gegner wird in ein negatives Licht gestellt. Alle negativen Seiten einer streitigen Auseinandersetzung werden dem Gegenüber zugeschrieben. Hinter jedem Vorschlag des Gegenübers vermuten die Parteien ein taktisches Vorgehen. Nur weil der Vorschlag vom Gegner kommt, ist er per se „schlecht“. Käme der Vorschlag hingegen von dritter Seite, hätte er hingegen Chancen gehabt, akzeptiert zu werden.

Beispiel: Jürgen bietet zur Lösung eines Konflikts an, dem Thorsten einen bestimmten Geldbetrag zu zahlen, um eine Forderung abzugelten. Thorsten wird sich nun überlegen, was den Jürgen zu diesem Schachzug bewegt und dass dahinter möglicherweise eine List des Jürgen steckt. Thorsten wird den Geldbetrag wahrscheinlich mit der vorgeschobenen Begründung ablehnen, dass dieser zu gering ist. Er erkennt nicht, dass der Jürgen zumindest das Bemühen zeigt, zu einer Lösung beizutragen.

In diesem Zusammenhang steht auch die sog. selbsterfüllende Prophezeiung (auch **self-fulfilling-prophecy** genannt). Die selbsterfüllende Prophezeiung ist die Beobachtung, dass die Art und Weise, wie ein Mensch sich in bestimmten Situationen verhält, wahrscheinlicher wird, wenn dies von einer oder mehreren anderen Personen erwartet wird. Dabei kommt es nicht darauf an, ob die ursprüngliche Erwartung falsch oder unwahrscheinlich ist oder nicht. Meistens geht es dabei um negative Eigenschaften, die einer Person zugesprochen werden und dadurch „wahr“ werden, dass sie dieser Person zugeschrieben worden sind.

Beispiel: Thomas kommt ab und zu spät zu seiner Lerngruppe. Besonders Johanna hält Thomas für die „Unpünktlichkeit in Person.“ Bei einem Treffen mit Johanna alleine kommt er wieder zu spät. Die Annahme der Johanna hat sich hier erfüllt. Die Voraussage der Unpünktlichkeit des Thomas ist also Wirklichkeit geworden und hat dadurch ihre eigene „Richtigkeit“ bestätigt. Für Johanna ist Thomas nur noch der „Zuspätkommer“. Nach einem Jahr kommt Thomas regelmäßig zu spät, manchmal sogar eine Stunde. Als Johanna ihn mal wieder darauf anspricht, entgegnet er ihr: „Was regst du dich denn so auf, du weißt doch, wie ich bin und dass ich immer zu spät komme. Du mit Deinem zwanghaften kleinbürgerlichen Pünktlichkeitswahn. Ich finde das ok so!“

Beispiel: Der Ben hat einige Wohnungen in einem Mietshaus. Er ist sehr engagiert, dennoch hat er den Ruf eines „Querkopfs“ und „Nörglers“. Auf den Eigentümerversammlungen tut er sich oft mit eigenen Anträgen hervor. Und er versucht Mehrheiten zu gewinnen. Einige seiner Konzepte und Ideen sind etwas „abgehoben“ und „unorthodox“. Er kann auch nicht eloquent vortragen. Eine Gruppe von Eigentümern beginnt seine Anträge von vornherein abzulehnen. Idee und Konzepte werden als „schräg“ und „querulatorisch“ abgetan. Neue Eigentümer werden gleich vor dem „Querulanten“ Ben „gewarnt“. Auf Eigentümerversammlungen wird er unabhängig von seinen Ideen nicht mehr gehört. Rechte auf Akteneinsicht werden Ihm verwehrt. Wegen einer Unstimmigkeit in einer Rechnung fängt er an zu prozessieren. Die Hausverwaltung beginnt vor Gericht schon eingangs: „Ja, der Ben, wir wissen, was wir mit dem für Probleme haben". Ben gewinnt trotzdem. Das Klima verändert sich nicht. Er wird von der informellen Kommunikation abgeschnitten. Auf Versammlungen will er immer alles „bewiesen" haben und alles muss ihm vorgelegt werden. Er äußert sich zu jedem Tagesordnungspunkt. Damit beginnt er den Versammlungsablauf zu dominieren. Aufgebrachte Eigentümer fordern, „ihn auszuschließen" oder ihm kein Rederecht einzuräumen. Die Hausverwaltung, die die Sitzung leitet, beginnt tatsächlich, sein Rederecht restriktiv zu behandeln bzw. ihn einfach zu übergehen. Schon während der Sitzungen droht er mit Klagen, die er tatsächlich umsetzt. Die Rechtsanwaltskosten betragen mittlerweile 15.000 Euro. Auch dies wird ein Thema. Ben ist mittlerweile gerichtsbekannter „Spezialist" für das WEG und seine Rechte bei den Versammlungen. Jede Ungereimtheit wird beklagt, oft gerichtlich. Dabei geht es ihm nur noch um das „Recht haben". Ben ist nun tatsächlich ein Querulant geworden.

Ein klassisches **Beispiel** sind Paris und der trojanische Krieg (eine mögliche Fassung): Es wird zur Geburt von dem Königssohn Paris geweissagt, er sei der Grund für die spätere Vernichtung Trojas. Also soll er getötet werden, was aber nicht geschieht; er wächst jedoch als Verstoßener auf. Als junger Mann zieht er los. Um in Troja anerkannt zu werden, raubt er den Schatz des Menelaos - und dessen Frau Helena. Er kehrt mit Schatz und Frau nach Troja zurück und wird dort herzlich aufgenommen. Der Krieg beginnt. Troja wird vernichtet. Die Prophezeiung hat sich erfüllt.

Im Mediationsgespräch können die selbsterfüllenden Prophezeiungen eine besonders destruktive Dynamik entwickeln, da sich unrichtige Vorstellungen leicht in der Realität bestätigen zu scheinen.

Es ist nicht schwer zu erkennen, dass all' diese typischen Verhaltensweisen im Konflikt einer gemeinsamen Lösungssuche im Wege stehen. Die Parteien sind aufgrund solcher Mechanismen dann nicht mehr selbst in der Lage, für eine Deeskalation des Konflikts zu sorgen.

In der Mediation soll es durch die Zuwendung von den Positionen hin zu den Interessen der Parteien mit Hilfe des Mediators dazu kommen, dass die Parteien ihre „Scheuklappen" ablegen und die andere Partei wieder als gleichberechtigten Partner akzeptieren.

Spezifische Verhaltensweisen im Konflikt können dazu führen, dass eine sachgerechte Lösung des Konflikts immer schwieriger wird.

II. Lösung des Konflikts

Wie können Konflikte gelöst werden? Konflikte können entweder **einseitig** oder **beiderseitig** (einvernehmlich) gelöst werden.

Beispiel: In dem Beispiel des schweren Peter, der der zarten Lisa auf dem Fuß steht, wäre eine einseitige Lösung, wenn die Lisa versucht, den Peter von ihrem Fuß herunterzuwuchten.

Diese einseitige Lösung hat Nachteile: Der Peter, der ja nichts davon weiß, dass er auf dem Fuß der Lisa steht, könnte es als befremdlich erachten, wenn die Lisa versuchen würde, ihn von seiner Stelle wegzuwuchten oder wenn er einen Ellenbogen der Lisa in der Rippe spüren würde. Das bloße Verändern des konfliktträchtigen Zustandes durch nur eine Seite kann also Irritationen oder sogar neue Konflikte hervorrufen.

Beispiel: Lisa beherrscht die Sportart Thai Chi und schmeißt den Peter gekonnt um.

Ein solches Verhalten führt zu weiteren Konflikten bzw. zur Eskalation. Der Peter kann aufstehen und z.B. seinerseits die Lisa angreifen. Diese Lösung kann nicht gewollt sein. Die Mediation hat sich zu der Zeit des Kalten Krieges entwickelt. Wenn diese Form der Konfliktlösung auf Konflikte zwischen verschiedenen Staaten oder militärische Bündnisse wie Warschauer Pakt und Nato übertragen wird, zeigt sich schnell, dass diese Form der Konfliktlösung keiner wollen kann.

Aber auch wenn der Peter anders reagiert und z.B. eine Strafanzeige stellt, ist der Konflikt nicht tatsächlich gelöst. Auch Gerichtsprozesse lösen Konflikte nicht. Oftmals sind diese sogar Teil der Eskalation.

Beispiel: Nachdem die Lisa dem Peter Ihren Ellenbogen in die Rippe gebohrt hat, dreht sich der Peter ruckartig um. So wird Rotwein über die weiße Bluse der Lisa verschüttet. Es wird prozessiert.

Gleich, ob Peter oder Lisa den Prozess gewinnt, der Konflikt bleibt bestehen. Das Verhältnis zwischen Lisa und Peter wird weiterhin gestört sein.

Beispielsweise ist der Peter nun auch auf Lisa sauer: Erst muss er sich in die Rippen schlagen lassen und dann auch noch die Reinigung bezahlen.

Der Konflikt ist also nicht tatsächlich beendet. Er hat sich nur verlagert. **Alles hätte vermieden werden können, wenn beide Seiten an der Lösung des Konflikts beteiligt worden wären.**

Ein Konflikt ist vor allem dann gelöst, wenn sich das **Verhältnis** beider Parteien **verbessert** hat. Aber auch wenn beide miteinander kommunizieren, ist es nicht gewährleistet, dass ein Konflikt gelöst wird. Ziel muss deshalb eine einvernehmliche Lösung sein, der alle Parteien zustimmen.

1. Herausarbeiten von Interessen

Um eine solche **einvernehmliche Lösung** (hierzu sogleich) zu finden, ist es erforderlich, dass die hinter den Positionen der Konfliktparteien stehenden Interessen herausgearbeitet werden. Das Herausarbeiten von gemeinsamen Interessen durch die Parteien hat gleichzeitig die „heilsame Wirkung", dass sie die Gründe für das Handeln der anderen und sogar der eigenen Seite oftmals zum ersten Mal wahrnehmen und erkennen. Vorurteile werden abgebaut, vielleicht sogar Sympathien entwickelt und die Handlung des anderen kann nachvollzogen werden.

Dabei kann insbesondere der **Rollentausch** (siehe unten im 3. Teil bei den Techniken des Mediators) helfen, da damit die Partei erkennen kann, was die andere Seite bewegt.

2. Harvard-Konzept

Zur Lösung eines Konflikts im Rahmen der Mediation sind die Grundsätze des Harvard-Konzepts zu berücksichtigen. Die Mediation beruht in Ihren Techniken auf dem Harvard-Konzept, das Anfang der 80er Jahre des letzten Jahrhunderts im Rahmen des **Harvard Negotiation Projects** an der Harvard Law School entwickelt wurde (*Fisher/Ury/Patton*, Das Harvard-Konzept, 12. Aufl., 2004). Mit dem Harvard-Konzept soll zur Konfliktlösung bei Verhandlungen erreicht werden, dass drei Prinzipien beachtet werden, nämlich:

- Verhandlungen sollen erstens eine **vernünftige Übereinkunft** zustande bringen,

- zweitens **effizient** sein und

- drittens das **Verhältnis** zwischen den Parteien **verbessern**.

Das Havard-Konzept ist eine Verhandlungsmethode, die hierbei auf vier Grundsätzen aufbaut:

- der Handlungsgegenstand und die verhandelnden Personen werden voneinander **getrennt** behandelt,

- im **Mittelpunkt** der Verhandlungen stehen die **Interessen** der Verhandelnden, nicht ihre Positionen,

- vor einer Entscheidung werden verschiedene **Wahlmöglichkeiten** offen gelegt und geprüft,

- und das Ergebnis der Verhandlung soll auf **objektiven Entscheidungsprozessen** aufbauen.

Diese Verhandlungstechnik des Harvard-Konzepts setzt ein bestimmtes Maß an vorhandener Verhandlungsbereitschaft voraus. Diese ist bei den Parteien, die möglicherweise verbitterte Gegner sind, zunächst noch nicht vorhanden. Durch die Hilfestellung des Mediators sollen die Parteien insofern wieder in die Lage versetzt werden, miteinander verhandeln zu können.

Ziel der Mediation ist, dass die Parteien eine einvernehmliche Lösung für ihren Konflikt erreichen. Bei der Lösungsfindung sind folgende Grundsätze zu beachten:

3. Die Win-Win-Situation

Bei der Konfliktlösung im Rahmen einer Mediation sollen beide Beteiligten aufgrund umfassend geklärter Interessen einen Nutzen erzielen. Die nachhaltige Verwirklichung von Interessen der Parteien für die Zukunft ist das erklärte Ziel der Mediation. Im Unterschied dazu gibt es bei einem Gerichtsurteil einen Gewinner und einen Verlierer (**Win-Loose-Situation**). Bei einem Kompromiss bzw. Vergleich weichen beide Parteien von ihrer Maximalforderung ab.

Bei der Win-Win-Situation geht es hingegen darum, dass beide Parteien mehr erlangen, als sie durch eine andere Lösung erreichen könnten **(„Vergrößerung des Kuchens“).** Eine Win-Win-Situation zeichnet sich also dadurch aus, dass für beide Seiten die jeweils beste Lösung herausgeholt wurde. Da keine der Parteien als Verlierer dasteht, verbessert sich in der Regel auch das Verhältnis zwischen den Parteien wieder.

Das Erreichen einer solchen einvernehmlichen Lösung soll anhand des sog. **Orangenbeispiels** verdeutlicht werden:

Mario kommt in die Küche und sieht, wie Anne sich gerade das Orangennetz aufschneidet. Empört schreit er: „Ich brauche die Orangen“. Sie streiten sich deshalb um das Kilo Orangen.

Was weder Mario noch Anne wissen, ist, welche Gründe und welche Bedürfnisse hinter den einzelnen Ansinnen stecken. Anne möchte einen Orangenkuchen backen. Mario möchte Orangensaft trinken. Die klassische Kompromisslösung durch einen Dritten, der von diesen Interessen keine Kenntnis hat, wäre dann etwa, dass Mario und Anne jeweils die Hälfte der Orangen bekommen. Die Win-win-Situation in diesem Beispiel wäre hingegen wie folgt: Anne erhält die Orangenschalen, Mario das Orangeninnere für den Saft.

Die Mediation ist ein Verfahren, das gerade das Herausarbeiten dieser Win-Win-Situation ermöglicht und sogar zum ausdrücklichen Ziel hat!

Dazu müssen die Parteien aber ihre Bedürfnisse, Ziele und Interessen mitteilen. Beim Pokern würde man sagen, sie müssen „die Hosen runter lassen“. Für ein Bluffen ist in der Mediation kein Platz.

Insbesondere in der Wirtschaftsmediation, aber auch im Bereich der Politik, kann das große Probleme mit sich bringen. Welches Wirtschaftsunternehmen ist schon gerne dazu bereit, seinem Geschäftspartner mitzuteilen, dass die Kapazitäten ausgeschöpft sind, oder welcher ältere Vorgesetzte gesteht seinem nachgeordneten jüngeren Mitarbeiter ein, dass er eigentlich Angst hat, dass er von dem jüngeren verdrängt wird und deshalb dessen

Innovationen blockiert? Die wahren Gründe herauszuarbeiten und die Parteien zu ermutigen, Gefühle, Bedürfnisse, Geheimnisse und vielleicht Intimitäten zu offenbaren, ist **Kern der Mediation**.

Die Parteien eines Konflikts stehen bei der Konfliktlösung oft vor einem Problem: Einerseits ist es für die Schaffung einer Win-Win-Situation erforderlich, der Gegenseite möglichst alle erforderlichen Informationen zukommen zu lassen. Andererseits kann es aus Sicht jeder Partei auch sinnvoll sein, Informationen für sich zu behalten, um zwar keine gemeinsame Wertschöpfung zu erreichen, aber dafür den eigenen Gewinn möglichst zu vergrößern. Ziel der Mediation ist es daher, einen Ausgleich zwischen diesem Dilemma der Parteien zu finden.

Als Beispiel für die Situation, in der sich Parteien bei Verhandlungen befinden, kann das sog. **Gefangenendilemma** (von der der strafprozessualen Unzulässigkeit des Polizeihandelns wird hier abgesehen) verwendet werden.

Beispiel: Rainer und Mathias haben eine lange gemeinsame kriminelle Vergangenheit. Doch eines Tages werden sie bei einem mutmaßlichen Raub auf frischer Tat ertappt und von der Polizei festgenommen. Sie wissen, dass sie entweder nur wegen **Nötigung (hier nicht mehr als ein Jahr Freiheitsstrafe)** oder **wegen Raubes (hier bis zu drei Jahren Freiheitsstrafe)** verurteilt werden können. Wenn sie schweigen, werden sie wegen der Nötigung verurteilt, da ihnen der Raub ohne Aussage nicht nachzuweisen ist. Der verhörende Polizist stellt bei den getrennten Verhören dar, dass ihre Strafe von ihrer Geständigkeit abhängt. Ihnen wird in Aussicht gestellt, **gegen den Partner auszusagen und aufgrund der Kronzeugenregelung freizukommen**. Sollten **beide den Raub gestehen**, können sie mit einer Reduzierung der Strafe auf **zwei Jahre** rechnen.

Rainer und Mathias stehen jetzt vor folgendem Dilemma: Sollen sie mit dem jeweils anderen kooperieren, also schweigen, oder besser nicht kooperieren, also gestehen? Sollte Rainer schweigen und Mathias gestehen, käme Mathias frei und Rainer würde drei Jahre Freiheitsstrafe erhalten, genauso umgekehrt. Sollten aber Rainer und Mathias jeweils schweigen, erhielte jeder nur jeweils ein Jahr Freiheitsstrafe für die Nötigung. Anders, wenn Rainer und Mathias beide gestehen würden; in diesem Fall erhielte jeder zwei Jahre Freiheitsstrafe.

Das Dilemma besteht darin, dass isoliert betrachtet das Geständnis, also die Nichtkooperation, für Rainer und Mathias jeweils die günstigere Variante wäre, da sie frei kämen bzw. nur zu zwei statt drei Jahren Freiheitsstrafe verurteilt werden könnten.

Potentiell ist also die Nichtkooperation vorteilhaft, da sie bei einer Kooperation zumindest mit einem Jahr Freiheitsstrafe rechnen müssten. Problematisch ist an der Variante der Nichtkooperation aber, dass Mathias und Rainer jeweils nicht wissen können, was der andere macht. Schweigt einer und gesteht der andere, käme der Schweigende für drei Jahre ins Gefängnis. Der Einzelvorteil ist also unsicher. Außerdem wird der andere für die Zukunft wissen, dass man sich auf den „Partner“ nicht verlassen kann und wird nun seinerseits nicht mehr kooperieren. Dazu kommt, dass der andere möglicherweise aus Rache ganz auspackt. Selbst wenn daher für den Einzelfall betrachtet die Nichtkooperation vorteilhaft sein kann, so ist sie auf lange Sicht gesehen für eine Lösungsfindung schädlich. Eine Kooperation wäre vorteilhafter.

In Verhandlungen zwischen Medianten ist es regelmäßig vorteilhafter, auf Kooperation zu setzen, statt den eigenen Gewinn maximieren zu wollen. Aufgabe des Mediators wird es in entsprechenden Situationen daher sein, die Parteien dazu zu motivieren, auf eine Kooperation zu setzen und diese zu fördern. Hierzu dient vor allem das Schaffen von gegenseitigem Vertrauen.

Das Harvard-Konzept, das der Mediation zugrunde liegt, beruht auf verschiedenen Prinzipien und Grundsätzen, die eine Suche nach einer einvernehmlichen Lösung in Form einer Win-Win-Situation ermöglichen.

III. Strukturiertes Verfahren

Unter anderem an den **Prinzipien des Harvard-Konzepts** hat sich gezeigt, dass es zur Konfliktlösung sinnvoll ist, ein geordnetes Problemlösungsverfahren anzuwenden, also von einer logischen Struktur Gebrauch zu machen, wie regelmäßig Konflikte zu lösen sind. In der Mediation ist diese Struktur auch weitgehend feststehend, im Einzelfall muss sie aber dem Konflikt und den psychischen Gegebenheiten der Medianten angepasst werden. Das strukturierte Verfahren wird im 3. Teil dargestellt.

Die Parteien eines Konflikts können an einen Punkt gelangen, an dem sie zu einer eigenständigen Lösungsfindung nicht mehr imstande sind. Hier bedarf es der Unterstützung Dritter.

IV. Mediator

Theoretisch könnte die Mediation auch durch Parteien ohne Hilfe eines Mediators durchgeführt werden. Sehr früh in der Menschheitsgeschichte hat sich allerdings gezeigt, dass es sinnvoll ist, Dritte hinzuziehen, um Konflikte zu lösen. Diese nehmen meistens eine „objektivere" Rolle ein. Allgemein besteht in Konflikten die Gefahr, dass von dem Wesentlichen abgewichen wird. Leicht werden Nebenkonflikte eröffnet, die dann den eigentlichen Konflikt überlagern. Typisch für Konflikte ist es – selbst wenn das Ziel eine gemeinsame Lösung zu finden anerkannt wurde –, über die Lösungsstruktur zu diskutieren.

Aussagen wie: „Jetzt bin ich aber dran!", „Hör mir zu", „das habe ich vorhin gar nicht gesagt" oder „Ihre Ausführungen sind unverständlich" können unter Umständen zum Abbruch der gemeinsamen Konfliktlösung führen.

Da nicht sichergestellt werden kann, dass die Parteien der Struktur folgen und so zu dem gewünschten Win-Win-Ergebnis gelangen und sich zudem in der Praxis gezeigt hat, dass das strukturierte Verfahren tatsächlich nicht von jedem ungeübt durchgeführt werden kann, hat sich die Mediation entwickelt, in der der Mediator über die Einhaltung des Verfahrens wacht.

Der Mediator führt weitgehend durch das Verfahren. Um die Selbstbestimmtheit der Parteien möglichst umfassend zu gewährleisten, gibt der Mediator allerdings nur den Kurs an. In seltenen Fällen muss er bestimmend auftreten. Hält sich beispielsweise eine Partei nicht an gemeinsame in der Mediation getroffene Vereinbarungen, muss der Mediator die Partei mit Ihrem Verhalten konfrontieren oder er muss sogar die Mediation als Ganzes in Frage stellen.

Bei der Lösung von Konflikten mittels Mediation geht es auf dem Wege zu einer einvernehmlichen Lösung darum, mit Hilfe des Mediators gemeinsame Interessen herauszuarbeiten.

1. Rolle des Mediators

Die Rolle des Mediators ist durch folgende **Besonderheiten** gekennzeichnet:

- Der Mediator muss von allen Konfliktparteien akzeptiert werden und seine Kompetenz darf nicht bestritten werden.
- Der Mediator bewertet oder urteilt nicht. Er nimmt alle Standpunkte, Interessen, Gefühle und Bedürfnisse ernst.
- Der Mediator ist für den Gang der Mediation verantwortlich, die Kontrahenten für den Inhalt.
- Der Mediator hilft den Beteiligten, sich über ihre Gefühle und Bedürfnisse im Klaren zu werden und sie verständlich zum Ausdruck zu bringen.
- Der Mediator sorgt dafür, dass Machtungleichgewichte ausgeglichen werden.
- Der Mediator geht mit dem Gehörten vertraulich um.
- Der Mediator achtet auf durchführbare Vereinbarungen.
- Der Mediator kann die Mediation abbrechen, wenn keine vernünftige und/oder ethisch verantwortbare Lösung gefunden wird.

a) Innere Grundhaltung

Besonders bedeutsam und im Rahmen einer Mediationsausbildung regelmäßig einen Schwerpunkt darstellend ist die innere Grundhaltung des Mediators. Nur mit dieser inneren Grundhaltung kann der Mediator die Parteien in die Lage versetzen, eine Lösung für den Konflikt zu finden. Hierfür muss der Mediator zwei Grundsätze beachten:

aa) Empathische Grundhaltung

Der Mediator muss auf der einen Seite gegenüber den Parteien zugewandt, wohlwollend, offen, präsent, respektvoll und einfühlsam sein. Der Mediator muss den Medianten zeigen, dass er Verständnis für die Parteien hat und sie respektiert, egal – hier gibt es natürlich Grenzen –, was sie sagen. Er verdeutlicht den Parteien durch seine Haltung auch, dass das Zeigen von Gefühlen in Ordnung und nicht verboten, sondern gewollt ist.

Empathie ist also das Gegenteil von einer ignoranten, überheblichen, herabwürdigenden, misstrauenden Haltung. Ziel dieser Grundhaltung ist es, den Medianten zu verdeutlichen, dass sie von dem Mediator auch mit ihren Schwächen und Fehlern ernstgenommen werden. Diese Haltung des Mediators baut **Vertrauen bei den Medianten** auf. Sie sind eher bereit, über ihre Interessen und Wünsche zu reden, als dies bei einer kühlen Atmosphäre im Rahmen einer Verhandlung der Fall wäre.

bb) Allparteilichkeit

Auf der anderen Seite muss der Mediator aber **außenstehender Dritter** bleiben, also neutral gegenüber den Inhalten sein. Der Mediator muss also allparteilich sein. Dieser Begriff geht über den der Neutralität hinaus. Allparteilich ist nämlich nicht schon derjenige, der weder der Sphäre der einen noch der anderen zugeordnet werden kann, sondern erst derjenige, der sich daneben in besonderer Weise um die Parteien bemüht, ohne aber eine von ihnen zu bevorzugen.

Allparteilichkeit braucht Verbundenheit mit einer der Konfliktparteien nicht auszuschließen. Sie darf allerdings nicht so weit gehen, dass der Mediator das Gespräch in ihrem Sinne steuert.

Diese Allparteilichkeit ist, darüber muss sich der Mediator im Klaren sein, oftmals nicht einfach einzuhalten. Im Verlauf des Mediationsverfahrens werden die Parteien regelmäßig – bewusst oder zumindest unbewusst – versuchen, den Mediator „auf ihre Seite zu ziehen“. Im Konflikt versuchen die Parteien stets, andere Personen von der Richtigkeit ihrer Auffassung zu überzeugen, um dem Gegner zu verdeutlichen, dass seine Auffassung „falsch“ ist. Zeigt der Mediator aber von vornherein Souveränität und Verständnis für beide Parteien, müssen diese sich nicht mehr darum bemühen, den Mediator auf ihre Seite zu bringen.

Mit dieser geschilderten Grundhaltung will der Mediator bei den Parteien, die aufgrund ihrer Streitigkeit natürlich oftmals sehr emotional auf die Gegenseite reagieren, die Gesprächsbereitschaft wiederherstellen.

Dieser „**Spagat**“ zwischen empathischer Grundhaltung und Allparteilichkeit fällt gerade der Juristin bzw. dem Juristen äußerst schwer, da sie es gewöhnt sind, Lösungen selbst zu erarbeiten, zügig vorzuschlagen und argumentativ und strukturiert für den eigenen Vorschlag einzutreten. Gerade hierin ist aber bei der Mediation Zurückhaltung gefragt.

Der Mediator sollte während des gesamten Mediationsverfahrens immer wieder hinterfragen, ob er seine innere Grundhaltung nicht verlassen hat. Hierzu sollte er in bestimmten Abständen seine eigene Einstellung zu den Parteien überprüfen. Kommt er zu dem Ergebnis, dass er diese Rolle überschritten hat oder kann er keine Gewähr mehr dafür bieten, diese Rolle nicht zu verlassen, sollte er sich überlegen, ob es nicht sinnvoll ist, die Mediation zu unterbrechen. Im Notfall muss der Mediator die Mediation insgesamt abbrechen oder für eigenen Ersatz sorgen.

Die „Kunst“ des Mediators ist es, den Parteien gegenüber im Verfahren eine bestimmte Rolle einzunehmen, die von Empathie und Allparteilichkeit geprägt ist.

b) Co-Mediation

Es kann sich anbieten, dass mehrere Mediatoren, meist zwei, ein Mediationsverfahren übernehmen (sog. Co-Mediation). Dies kommt z.B. in Betracht, wenn in einem **Großverfahren** eine Vielzahl an Medianten beteiligt ist.

Bei der Co-Mediation leiten mehrere Mediatoren abwechselnd oder gemeinsam das Verfahren. In der Familienmediation kann es sich anbieten, dass sowohl eine **Mediatorin** als auch ein **Mediator** an dem Verfahren teilnehmen, damit sich keine der Parteien benachteiligt fühlt, sondern die Geschlechterrollen auch bei den Mediatoren repräsentiert werden. Möglich ist es auch, dass Vertreter verschiedener Berufsgruppen (etwa Rechtsanwalt und Psychologe) die Mediation gemeinsam leiten. Es gibt auch Mediatoren, die prinzipiell nur als Co-Mediatoren auftreten.

Die Mediatoren sollten sich zuvor absprechen, wer von ihnen welche Aufgaben übernimmt. Möglich ist es, dass beide Mediatoren das Gespräch abwechselnd führen oder dass einer die Führung übernimmt und der andere ergänzt. Bei einer Co-Mediation können auch jeweils Einzelgespräche mit den Parteien geführt werden, ohne dass die andere Partei warten muss. Nicht empfehlenswert ist, dass ein Mediator nur zeitweise, z. B. im Rahmen einer Phase, anwesend ist. Die Parteien werden dadurch verunsichert und die Förderung der Kommunikation zwischen den Parteien erfordert die Anwesenheit der Mediatoren während des gesamten Verfahrens.

Zusätzlich zu einem weiteren Mediator kann auch ein Assistent für die Visualisierung (siehe unten) eingesetzt werden. Darüber hinaus sollten aber keine weiteren Personen, etwa Zuschauer, an einem Mediationsverfahren teilnehmen, da darunter die Vertraulichkeit leiden kann. Die Medianten würden sich durch Zuschauer gestört fühlen.

2. Keine Entscheidungsgewalt

Im Gegensatz zu ähnlichen Tätigkeiten wie der des Schlichters oder der im BetrVG geregelten Entscheidungsstelle hat der Mediator keine Entscheidungsgewalt. Grundsätzlich werden vom Mediator keine eigenen Einigungsvorschläge eingebracht. Der Mediator bestimmt selbst in Pattsituationen nicht die Lösung des Konflikts.

Das bezieht sich – dies muss in aller Deutlichkeit gesagt werden – allerdings nicht auf das Verfahren. Das Verfahren selbst wird vom Mediator bestimmt. Beispielsweise bestimmt der Mediator, wann welche Phasen eingeleitet werden. Außerdem weist er den Parteien das Rederecht zu. Auch das aktuelle Thema wird letztendlich durch den Mediator bestimmt. Der Mediator lenkt also das Verfahren.

Dabei versucht er sich allerdings immer der Zustimmung der Medianten zu versichern, indem er z.B. vor dem Einleiten einer neuen Phase oder eines Themas nachfragt, ob „alles Wesentliche“ gesagt wurde.

Der Mediator ist eine zur Mediation ausgebildete Person, die durch einzelne Gesprächstechniken und durch Wahrung eines besonderen Konfliktlösungsverfahrens Konfliktparteien unterstützt, ihren Konflikt beizulegen.

Der Mediator ist „ohne Entscheidungsgewalt". Dies wird oftmals falsch verstanden – der Mediator ist Herr des Verfahrens. Hier kann er auch sehr bestimmend auftreten müssen.

3. Wächter der Prinzipien des Verfahrens

Der Mediator wacht darüber, dass die **Prinzipien der Mediation** von den Parteien eingehalten werden. Zu diesen Prinzipien gehören:

Eigenverantwortung der Parteien: Ziel der Mediation ist es, dass die Parteien den Konflikt selbstbestimmt bearbeiten und einer eigenständigen Lösung zuführen. Die Parteien sind die „Herren des Verfahrens". Sie bestimmen – anders als bei Gericht – selbst über den Gegenstand der Gespräche. Dies setzt natürlich voraus, dass sie in gewissem Maße eine Handlungsfähigkeit in der Mediation haben. Hieran kann es fehlen, wenn die Kontrahenten nicht über ein Mindestmaß an Ausdrucksfähigkeit und Selbstbehauptungsfähigkeit verfügen, etwa wenn sie psychisch krank sind, eine geistige Behinderung oder Suchtprobleme haben.

Freiwilligkeit: Sowohl die Parteien als auch der Mediator gehen freiwillig in das Verfahren. Dies hat Konsequenzen: Nicht nur die Parteien, sondern auch der Mediator können das Verfahren jederzeit ohne weitere Nachteile für sich abbrechen. Die Parteien können in ein gerichtliches Verfahren übergehen. Die Freiwilligkeit ist für eine Lösungsfindung in einem kreativen Prozess zwingend erforderlich, da äußere Zwänge einer kreativen Lösung im Wege stehen würden.

Allparteilichkeit des Mediators: Der Mediator nimmt gegenüber den Parteien eine Rolle ein, in der er sie bei der Lösungsfindung unterstützt, allerdings eine Distanz zu dem Inhalt selbst wahrt. Wie der Mediator diese Rolle auszufüllen hat, wird im Einzelnen im 3. Teil bei den Techniken der Mediation beschrieben.

Vertraulichkeit: Das Mediationsverfahren wird in einem geschützten Rahmen der Vertraulichkeit durchgeführt. Die Parteien und der Mediator vereinbaren - regelmäßig zu Beginn der Mediation –, dass das in dem Verfahren Gesagte in keiner Weise Dritten zugänglich gemacht werden darf. Nur mit dem Schutz der Vertraulichkeit im Rücken werden sich die Parteien darauf einlassen, auch verborgene Interessen und Wünsche zu offenbaren. Der Mediator erklärt im Regelfall auch, dass er keiner Partei als Zeuge in etwaigen Prozessen zur Verfügung steht.

Ergebnisoffenheit: Die Mediation stellt einen ergebnisoffenen Prozess dar. Dies bedeutet, dass für keine der Parteien von vorneherein feststehen darf, dass nur ein Ergebnis akzeptabel ist. Vielmehr müssen die Medianten dazu bereit sein, sich auch auf andere Lösungen einzulassen und von eigenen Vorstellungen Abstand zu nehmen. Ohne diese Bereitschaft wird eine Lösung, wie sie im Rahmen eines Mediationsverfahrens gefunden werden soll, regelmäßig nicht möglich sein.

Informiertheit der Parteien: Ein weiteres wesentliches Prinzip der Mediation ist es, die Parteien über alle relevanten Fakten zur Konfliktlösung zu informieren. Nur wenn eine Partei über die wesentlichen Informationen verfügt, ist sie zu einer kreativen Lösungsfindung in der Lage. Hierbei ist es Aufgabe des Mediators, Informationen zwischen den Parteien in Umlauf zu bringen. Auf diese Weise werden mögliche Informationsdefizite abgebaut.

Fairness: Ein weiterer wesentlicher Bestandteil der Mediation ist die Fairness der Parteien. Es schadet der Lösungsfindung, wenn eine Partei bewusst nicht alle Karten auf den Tisch legt und versucht, durch List und Tücke die andere Partei über den Tisch zu ziehen.

Die Frage ist hier natürlich, wie der Mediator, wenn er einen Verstoß gegen das Fairnessprinzip feststellt, reagieren sollte: Zunächst bietet sich an, im Rahmen eines Einzelgesprächs die Partei darauf hinzuweisen, dass ihr Verhalten zu keiner übereinstimmenden Lösung im Rahmen eines Mediationsverfahrens führen wird. Fährt die Partei gleichwohl mit ihrem Verhalten fort, kann es für den Mediator ab einem bestimmten Punkt (etwa, wenn die §§ 134, 138 BGB betroffen sind) angebracht sein, die

Mediation aus eigenen Stücken abzubrechen. Hierzu ist der Mediator wegen des Prinzips der Freiwilligkeit jederzeit berechtigt.

Die Mediation beruht auf verschiedenen Prinzipien. Über deren Einhaltung wacht der Mediator, der allerdings keine Entscheidungsgewalt über den Inhalt des Konflikts hat. Er führt lediglich durch das Verfahren.

Exkurs: Machtungleichgewichte in der Mediation

Weitere wesentliche Voraussetzung für ein Mediationsverfahren ist eine gewisse **Machtbalance** zwischen den Parteien. Nur ein annährendes Machtgleichgewicht versetzt beide Parteien in die Situation, Interessen und Bedürfnisse, aber auch Ängste auszusprechen. Potentielle Machtungleichgewichte können zwischen Arbeitnehmern und ihren Arbeitgebern, aber auch zwischen Eheleuten bestehen, wenn der einen Partei zuvor mit Gewalt gedroht wurde. Sie können dazu führen, dass die Parteien sich (oftmals aus Angst vor den damit verbundenen Konsequenzen) nicht mehr frei artikulieren können. Ein gewisses Machtungleichgewicht kann der Mediator durch seine empathische Grundhaltung, vor allem aber auch durch den Einsatz der Fragetechniken ausgleichen. Dem Mächtigeren kann auch nahegelegt werden, im Rahmen der Mediation auf diese Machtposition zu verzichten. Dies ist allerdings problematisch, wenn der Konfliktauslösungsgrund gerade die Machtposition an sich ist.

Ist das Machtungleichgewicht zwischen den Medianten zu groß, hat ein Mediationsverfahren, das gerade auf das gegenseitige Öffnen aufbaut, keinen Sinn. Der Konflikt ist dann nicht mediationsgeeignet.

V. Medianten

Zuletzt zu den Parteien des Mediationsverfahrens, den Medianten. Die Zahl der Medianten ist theoretisch nicht beschränkt. Praktisch gibt es natürlich Grenzen. Bei **Großgruppen-Mediationen** werden deshalb oft Delegierte gewählt, die dann für diesen Teil sprechen. Dies birgt natürlich die Gefahr, dass die Probleme, Gefühle und die Wertschätzung Einzelner übergangen werden oder nicht voll zur Geltung kommen.

An der Mediation müssen stets die **Entscheidungsträger** für eine Konfliktlösung am Tisch sitzen. Es wäre dem Vertrauen der Parteien in das Verfahren abträglich, wenn diese stundenlang verhandeln würden und etwa der vom Firmenboss geschickte Angestellte nun mitteilt, die jetzt gefundene Lösung müsse er erst noch mit seinem Chef absprechen. Der Mediator sollte sich daher stets vor Einleitung des Verfahrens vergewissern, dass die Parteien auch die Befugnis haben, eigenständig über eine Lösung zu entscheiden. Dies schließt allerdings nicht aus, dass den Parteien ein gewisser Rahmen von dritter Seite („Lösungsbudget“) vorgegeben wurde.

Eine Mediation durch **Stellvertreter** sollte unter allen Umständen **vermieden** werden. Merkmal der Mediation ist es gerade, dass die Interessen und Bedürfnisse der Parteien offengelegt werden. Welche dies sind, wissen aber nur die Parteien selbst, nicht deren Stellvertreter.

Für die Medianten ist es förderlich, wenn sie sich zur Vorbereitung auf das Verfahren darüber Gedanken machen, wie ihre Chancen in einem Gerichtsprozess aussehen würden und welches Ergebnis hierbei herauskommen könnte. Diese Einschätzung sollten sie sich im Mediationsverfahren vor Augen führen und eine darin gefundene Lösung mit dieser Alternative vergleichen. Merkmal einer Mediation ist es, dass die dort gefundene Lösung für die Parteien besser ist als die, die in einem Gerichtsprozess zu erzielen gewesen wäre.

Exkurs: Abgrenzung der Mediation zu anderen Methoden

Wichtig zum Verständnis, was Mediation eigentlich ist, ist dieses Verfahren zur Konfliktlösung von anderen Methoden abzugrenzen.

Wohl am wichtigsten ist die Abgrenzung zur Therapie. **Mediation ist keine Therapie!**

Die Mediation wird zwar teilweise als dem Gerichtsverfahren und der Therapie zwischengelagert angesehen. Die Auffassung wird hier nicht geteilt. Im Gegensatz zu der Therapie wird in der Mediation ein individueller Heilungsprozess jedenfalls nicht zielgerichtet herbeigeführt. In einer Gerichtsverhandlung werden der innere Prozess der Beteiligten, deren Konflikte und Gefühle grundsätzlich nicht beleuchtet. Zur Veranschaulichung der Unterschiede zwischen Mediation und Therapie dient folgende Gegenüberstellung:

Mediation:	**Therapie:**
Konflikt zwischen Personen (interpersonelle)	Konflikt innerhalb einer Person (intrapersonale)
Alle Konfliktparteien sind einbezogen	(regelm.) nur eine Person
Ziel ist die Lösung des aktuellen – meist offensichtlichen – Konflikts	Ziel ist die Lösung von tieferen Persönlichkeitsproblemen

Abgrenzung zur/zum...

- **Moderation**: Die Parteien sind mit Unterstützung einiger Interventionen weitgehend selbstständig in der Lage, ihre Konflikte eigenständig zu bewältigen. Im Unterschied zur Mediation ist der Konflikt hier noch nicht so stark eskaliert, befindet sich also auf einer geringeren Konfliktstufe.

- Der „**Chairman**": Einschalten einer neutralen Konferenz- oder Verhandlungsleitung, die nur die Interaktion und die Prozeduren reguliert und sich dabei jeglicher inhaltlicher Beeinflussung enthält. Im Gegensatz dazu leitet der Mediator das Verfahren.

- **Prozessbegleitung bzw. „Prozesskonsultation"**: Bei länger fixierten Perzeptionen, Einstellungen, Intentionen und Verhaltensweisen der Konfliktparteien. Gefestigte Rollen und Beziehungen müssen wieder aufgelockert werden; die Organisation muss unter Umständen umgestaltet werden.

- **Soziotherapeutische Prozessbegleitung**: Interventionen der Prozessbegleitung sind therapeutisch vertieft. Sie sollen zum Durchbrechen bestehender neurotischer Rollenbindungen, des sozialen Autismus usw., beitragen.

- **Schiedsverfahren**: Der Schiedsmann („Arbiter") entscheidet auf Grund eigener Beurteilung, wie der Konflikt gelöst werden kann. Der Konflikt muss sich dabei auf einen von den Parteien umschriebenen Dissens über Fakten bzw. Normen beziehen. Anwendbar vor allem bei Macht- und Gegenmachtstrategien. Dem Mediator kommt demgegenüber keine Entscheidungskompetenz zu.

- **Machteingriff**: Aufgrund ihrer Machtüberlegenheit kann die Machtinstanz ihre Maßnahmen gegen den Willen der Betroffenen durchsetzen. Der Mediator entscheidet im Gegensatz dazu gerade nicht über die Lösung des Konflikts.

Die eigentliche Mediation besteht aus verschiedenen einzelnen Phasen. Die Länge der Darstellung der einzelnen Mediationsphasen in diesem Skript sagt weder etwas über die Wichtigkeit noch über die eigentliche Dauer der Phase im Mediationsverfahren aus. Beides ist vom Einzelfall abhängig.

In der Mediation ist das Verfahren sehr genau zu beachten. Der feste Verfahrensablauf ist entscheidend für den Erfolg. Der Mediator **b e s t i m m t** den Verfahrensablauf. Er bezieht dabei natürlich auch die Medianten mit ein.

Er räumt den Medianten etwa das Rederecht ein und achtet auf die Einhaltung der vereinbarten Regeln.

Der Mediator ist für den Ablauf der Mediation verantwortlich, die Medianten nur für den Inhalt!

Die Einhaltung eines strukturierten Verfahrens ist bei der Mediation wichtig, da die Gefahr besteht, dass die Parteien statt zu einer Lösung des Konflikts zu kommen zu sehr ausschweifen. Es ist erforderlich, dass wesentlichen - vielleicht auch unschönen – Hintergründen nicht ausgewichen werden kann. Die **tatsächlichen Probleme** müssen angesprochen werden. Es kann in allen Anwendungsbereichen der Mediation erforderlich sein, auch persönliche und intime Inhalte anzusprechen, um zu einer Konfliktlösung zu kommen.

Bei Problemen am Arbeitsplatz können sich z. B. einzelne Medianten wegen Herkunft, Geschlecht, Alter o.ä. verletzt, übergangen oder herabgewürdigt fühlen. So etwas darf nicht übergangen werden. Im Gegenteil: Es muss angesprochen werden!

Beispiel: Die aufgrund von zahlreichen Zusatzqualifikationen gut ausgebildete 21-jährige Sabine hat in einem Möbelgeschäft zu arbeiten angefangen. Sie ist dem Hartmut, der schon seit 35 Jahren dort arbeitet, zugeordnet. Der Eigentümer des Geschäfts meint: "Das bringt frischen Wind in den Laden". Sabine fühlt sich von Hartmut gemobbt. Er wehrt alle ihre Initiativen ab und stellt sie fortlaufend vor anderen Mitarbeitern bloß. Sabine wendet sich mit ihren Ideen jetzt nur noch an den Eigentümer. Dadurch fühlt sich Hartmut von ihr übergangen.

Das Mediationsgespräch verläuft zunächst ausschließlich auf der Sachebene. Beide sprechen über die Projekte, die vom jeweils anderen zunichte gemacht wurden.

Im Mediationsgespräch muss nun das Gespräch auf die persönliche Gefühlsebene von Hartmut und Sabine gelenkt werden.

Es kommt heraus, dass Hartmut befürchtet, dass Sabine ihn verdrängen möchte und sie seiner Befürchtung nach eigentlich nur eingestellt wurde, um seinen Platz einzunehmen, sobald sie das Tagesgeschäft überblickt. Tatsächlich hat Sabine hieran überhaupt kein Interesse, da sie die Tätigkeit im Möbelgeschäft nur als Übergangslösung ansieht. Sie schätzt Hartmuts Erfahrung und möchte ihn mit ihren Ideen beeindrucken.

Die Einhaltung eines bestimmten Verfahrens ist auch erforderlich, weil die einzelnen Phasen systematisch aufeinander aufbauen. **Obwohl das Verfahren für die Mediation so wichtig ist, ist es nicht vollkommen festgelegt**. Es gibt also keine Regelungen hinsichtlich des Ablaufs wie beim Zivilprozess die ZPO. Der Ablauf kann grundsätzlich auch im Einzelfall variiert werden. In Wissenschaft und Praxis hat sich ein bestimmter Verfahrensablauf aber als Konsens herausgebildet:

Eine Mediation besteht aus folgenden drei Hauptphasen:

1. **Vorphase**
2. **Die eigentliche Mediation, die wiederum in einzelne weitere Phasen oder Schritte geteilt ist**
3. **Umsetzungsphase**

Die einzelnen Hauptphasen werden in der Praxis teilweise unterschiedlich unterteilt und bezeichnet. Letztlich ist der Ablauf aber stets ähnlich strukturiert. Entscheidend ist, dass die einzelnen Verfahrensschritte in einer für die Parteien konstruktiven Reihenfolge stattfinden.

A. Vorphase

In der Vorphase (auch Implementierungsphase oder Phase Null genannt) gilt es zunächst, den **Kontakt** mit beiden bzw. allen Konfliktparteien herzustellen. Im Regelfall wird eine der Konfliktparteien an den Mediator herantreten, da sie etwa von der Mediation gehört hat. Dann muss die **Bereitschaft** der anderen Partei geweckt werden, an der Mediation teilzunehmen.

Oft muss schon im Erstkontakt mit den Medianten **erklärt werden, was eine Mediation ist**. Hier empfiehlt es sich zuallererst, die eigene allparteiliche Rolle herauszustellen. Tritt man nur einer Partei gegenüber, ist es wichtig klarzustellen, dass man nicht Interessenvertreter der anderen Partei ist. Auch sollte klargestellt werden, dass die Parteien durch ein Mediationsverfahren nicht benachteiligt werden. Insbesondere brauchen die Parteien bezüglich eines späteren Gerichtsverfahrens für den Fall des Scheiterns der Mediation keine Angst zu haben, dass ihre Ansprüche mittlerweile verjährt sind. Während eines Mediationsverfahrens ist die **Verjährung gehemmt** (§ 203 BGB). Hierüber sollten die Parteien aufgeklärt werden, um mögliche Vorbehalte gegen ein Mediationsverfahren abzubauen.

Dann muss der **Konflikt angesprochen** werden. Das kann besonders dann schwer sein, wenn sich die zweite Partei nicht bewusst ist, dass ein Konflikt besteht. Aufgabe des Mediators ist es dann, das Konfliktbewusstsein der Partei zu schärfen, indem er den Konflikt konkret benennt. Dabei muss er allerdings darauf achten, seine allparteiliche Rolle nicht zu überschreiten.

Bei den Gesprächen mit den Parteien kann das Ziel, dass eine für alle befriedigende Situation geschaffen werden soll (sog. win-win-situation), auch schon in Aussicht gestellt werden. Der Mediator sollte auch deutlich machen, dass in der Mediation kein verbindliches Ergebnis erarbeitet werden kann, das gegen die Parteiinteressen spricht. Fehlvorstellungen und unbegründete Ängste über die Mediation sollen abgebaut werden.

Der Mediator fragt in Kürze Grundlegendes ab, z. B die Art des Konfliktes, die Beziehungen der Medianten zueinander und ähnliches. Indem er die Sachlage erörtert, greift der Mediator oftmals schon in das Mediationsgespräch vor. Hier besteht die Gefahr für den Mediator, einseitige Darstellungen einer Partei zu übernehmen.

Am Ende des Vorgesprächs sollte sichergestellt werden, dass die Parteien sich auf die Mediation einlassen, so dass sie im späteren Verfahren nicht in Frage gestellt wird. An einer tatsächlichen Bereitschaft kann es fehlen, wenn die Partei nur auf Druck Dritter (z. B. durch Arbeitgeber) an dem Verfahren teilnimmt. Der Mediator sollte hier etwaige Widerstände aufnehmen und klären.

Vor Einleitung der Mediation müssen die Parteien noch einige **Vereinbarungen** treffen (diese dürfen nicht mit den Regeln verwechselt werden, siehe unten). So müssen sie sich zunächst über die Rahmenbedingungen eines Mediationsverfahrens (Zeit, Ort, Dauer, Kostenübernahme) einigen.

Exkurs: Setting

Die Mediation kann an verschiedenen **Orten** stattfinden. Es kommen Räume des Mediators oder von Dritten ebenso in Betracht wie Räume der Konfliktparteien. Selbstverständlich müssen alle Beteiligten mit der Raumwahl einverstanden sein. Das Setting ist so zu wählen, dass eine angenehme Atmosphäre (angstfrei, kooperativ, vertrauensvoll und entspannt) geschaffen wird. Auf Essen (Kekse usw.) sollte verzichtet werden (der Konflikt soll nicht in sich „hineingefressen" werden). Wasser sollte unbedingt bereitgestellt werden. Außerdem sollten Papier und Stifte bereit gelegt werden.

Bei der Sitzanordnung ist nach Möglichkeit darauf Rücksicht zu nehmen, dass die Medianten nicht frontal zueinander sitzen, sondern leicht zugewandt nebeneinander. Der Mediator sollte darauf achten, dass er beide Medianten gleich gut sehen kann und die Abstände von ihnen zu ihm gleich sind.

Es bietet sich ein „X" oder - bei nur einem Mediator - ein „Y" an.

Es kann sinnvoll sein, schon zu Beginn eine Einigung darüber zu erzielen, wie das Mediationsergebnis verbindlich festgehalten werden soll.

Auch die **Vergütung** des Mediators sollte vertraglich geregelt werden. Rechtliche Grundlage der Mediation ist regelmäßig ein Geschäftsbesorgungsvertrag.

Wichtig ist, die Verschwiegenheit des Mediators und der Parteien untereinander vorab zu klären. Hierbei gilt es unter anderem abzuklären, welche Inhalte nach außen dringen dürfen. Es sollte auch geregelt werden, dass der Mediator neben der allgemeinen Verschwiegenheit in einem späteren Gerichtsverfahren nicht als Zeuge benannt werden darf.

Möglicherweise ist ein Dritter Auftraggeber für das Mediationsverfahren, z.B. der gemeinsame Arbeitgeber der Konfliktparteien. Es stellen sich hierbei zusätzliche Fragen, insbesondere, welche Inhalte dem Arbeitgeber aus dem Mediationsverfahren mitgeteilt werden dürfen. Die Parteien haben zum Teil die nicht unberechtigte Angst, auf diese Weise durch Dritte ausgeforscht zu werden. Auch aus diesem Grund sollten die Parteien die Reichweite der Vertraulichkeit vorab klären.

> In der Vorphase geht es um die Anbahnung eines Mediationsverfahrens. Die Parteien müssen informiert werden und es sind verschiedene Vereinbarungen zu treffen.
>
> Ziel ist es, mögliche Ängste vor einem Mediationsverfahren abzubauen.

B. Gesprächsphase

Die Gesprächsphase (oft auch „das Mediationsgespräch" genannt) stellt die „eigentliche" Mediation dar. Es handelt sich dabei um eine Reihe von einzelnen Gesprächen. Diese werden wieder in eigene Abschnitte bzw. Phasen unterteilt.

Exkurs: Dauer der Phasen

Die einzelnen Gespräche werden in der Regel zwischen 50 Minuten und 1 ½ Stunden lang sein. Je nach Konflikt stellt sich die Frage der Gesamtdauer. Grundsätzlich sollte sich der Mediator nicht auf eine Festlegung der genauen Anzahl der Stunden einlassen. Da die Mediation normalerweise stundenweise abgerechnet wird, bleibt für die Parteien die Frage der Gesamtkosten offen. Deshalb ist es ratsam, eine Schätzung abzugeben. Gleichzeitig sollte erklärt werden, dass die ganze **Mediation ein offener Prozess** und deshalb eine starre zeitliche Beschränkung nicht möglich ist.

I. Einleitungsphase

In der ersten Phase der „eigentlichen" Mediation geht es um eine möglichst umfassende Bestandsaufnahme des Konflikts zwischen den Parteien. Zuvor müssen aber im Rahmen dieser Phase noch gemeinsam die Arbeitsgrundlagen geklärt werden.

1. Erklären von Arbeitsgrundlagen

Hier kommt es darauf an, dass der Mediator möglicherweise noch offene Fragen der Parteien klärt und möglichst umfassend die Grundlagen der Mediation erläutert.

Im Einzelnen:

- **Vorstellung:** Vorstellen der Mediatoren und der Konfliktparteien. Oftmals treffen sich die Medianten das erste Mal oder seit langem zum ersten Mal wieder.

- **Mediationsprozess erklären:** Auch wenn in der Vorphase das eine oder andere erklärt wurde, werden grundsätzlich zu Beginn der Mediation selbst bei mediationserfahrenen Parteien der Prozess und die Prinzipien der Mediation noch einmal kurz erklärt und dadurch bewusst gemacht.

Exkurs: Zeit und Dauer des Mediationsverfahrens

Es kommt vor, dass sich ein Konflikt nicht innerhalb eines Mediationstermins lösen lässt. Stehen die Parteien kurz vor einer Einigung, sollte alles daran gesetzt werden, das Verfahren bis zu Ende zu führen, wobei durch den Zeitdruck kein Einigungsdruck entstehen darf. Es kann aber auch vorkommen, dass die Parteien sich stundenlang in einer hitzigen Verhandlung verausgabt haben und nun nicht mehr die Kraft haben, den Konflikt einer Lösung zuzuführen. Hier kann es sinnvoll sein, das Verfahren zu unterbrechen und zu einem späteren Termin fortzusetzen.

Liegt zwischen erstem und zweitem Termin ein zu langer Zeitraum, beginnt das Verfahren wieder bei null. Auch sind sich die Parteien der gesamten Problematik nicht mehr so bewusst. Daher sollte der zweite Termin möglichst unmittelbar nach dem ersten Termin erfolgen. Es ist vorteilhaft, von vorneherein mehrere Termine zu vereinbaren. Damit wird auch verhindert, dass am Ende eines „schlecht" gelaufenen Termins über den Umweg der Terminvereinbarungen (insb. „Terminverschleppung") die gesamte Mediation in Frage gestellt wird.

Die wesentlichen Prinzipien der Mediation werden den Parteien vor Augen geführt. Der Mediator hat außerdem die eigene Rolle zu erklären, gegebenenfalls auch die Rolle der Co-Mediatoren.

Falls noch nicht in der Vorphase geklärt, ist auch die Finanzierung anzusprechen (Honorar des Mediators).

a) Aufstellen von Regeln für das Verfahren

Jetzt werden mit den Parteien Regeln für das Verfahren bestimmt (etwa: wer beginnt mit seinem Eröffnungsstatement). Die Regeln werden gemeinsam entwickelt. Dabei achtet der Mediator auf die **praktische Umsetzbarkeit** dieser Regeln.

Es ist gebräuchlich, die Regeln auf ein Flipchart oder ein großes Blatt zu schreiben und sie wie ein Abkommen von den Parteien und dem Mediator zu unterschreiben. Damit sind sie das ganze Verfahren für alle Parteien gegenwärtig.

b) Grundregeln

Es gibt über die mit den Parteien vereinbarten Regelungen hinaus Grundregeln für das Mediationsgespräch. Diese gelten für alle Parteien verbindlich. Für die Mediatoren gelten sie teilweise mit leichten Einschränkungen. Dazu gehört zum Beispiel, als unrichtig Empfundenes zunächst anzuhören. Gerade hier ist es wichtig, Zettel und Stift bereitzulegen, so dass die Konfliktparteien Gegenauffassungen aufschreiben können. Der Mediator kann dann, wenn er den Eindruck hat, dass sich eine Konfliktpartei während der Äußerungen der anderen unbedingt mitteilen muss, darauf hinweisen, dass sie erst einmal ihre Bedenken notieren kann.

Folgende Grundregeln sollten vereinbart werden:

1. Regel: Aussprechen lassen und zuhören. Diese Regel gilt für die Konfliktparteien ohne Ausnahmen. Der Mediator darf das Gespräch allerdings unterbrechen.

2. Regel: Keine Beleidigungen oder körperliche Übergriffe.

3. Regel: Vertraulichkeit; grundsätzlich sind die Gespräche vertraulich zu behandeln. Das muss auch klargestellt werden. Gemeinsame Verabredungen können natürlich auch regeln, was Dritte zum Abschluss erfahren dürfen. Während der Mediation (also der einzelnen Gespräche) sollte die Öffentlichkeit (insbesondere die Medien) nicht informiert werden. Andernfalls könnte der gesamte Mediationsprozess gefährdet werden. Im Übrigen sollte eine gemeinsame Auseinandersetzung mit dem Konflikt außerhalb der Mediation vermieden werden. Ausnahmsweise kann aber auch ein Dritter wie der Auftraggeber (z.B. Chef) von vorneherein einbezogen werden. Solche oder ähnliche Fälle müssen natürlich von Anfang an besprochen werden.

4. Regel: Gemeinsame weitere Regeln können vereinbart werden. Eine weitere Regel kann z.B. sein: „keine Rechtsberatung".

Damit die Regeln deutlich bestehen bleiben, werden sie groß auf den Flipchart-Papierblock geschrieben, an die Parteien verteilt oder auf sonstige Weise dauerhaft deutlich gemacht. Abgesehen von den ersten beiden Regeln sind die Regeln Verhandlungssache. Alle Regeln müssen von den Parteien angenommen werden, ansonsten kann eine Mediation nicht stattfinden. Der Mediator wacht über die Einhaltung der Regeln. Notfalls greift er ein. Forderungen oder Regeln, die der Mediator nicht einhalten kann oder die zum Scheitern verurteilt sind, wie z.B. „Beseitigung des Konflikts", muss der Mediator von sich aus ausschließen.

Exkurs: Herangehensweise an einen „Sachverhalt" in der Mediation

Bevor in die weitere Darstellung eingestiegen wird, sei gerade die für Juristen ungewohnte Herangehensweise an einen „Sachverhalt" in der Mediation vor Augen geführt. Dabei geht es nicht um einen „Sachverhalt" im objektiven Sinne, da jede Partei das Geschehen nach ihren Erlebnissen schildern wird. Einen „objektiven" Sachverhalt gibt es nicht.

Beispiel: Bernd hat das Familienunternehmen geerbt. Er ist als einziger in der Familie zeichnungsbefugt. Eines Tages gibt der reiche Unternehmer Bernd seinem bei ihm im Familienunternehmen angestellten armen Bruder Carl Geld, das dieser an die ebenfalls gut betuchte Großmutter weitergeben soll. Der Carl gibt nur einen Teil des Geldes weiter. Für den Rest kauft er sich eine teure Uhr. Er gibt an, er habe sich auch endlich einmal etwas leisten wollen. Er sei sehr glücklich gewesen, als er die Uhr am Armgelenk tragen durfte. Außerdem sei es ja auch irgendwie sein Geld.

In der juristischen Problemlösung würde der Sachverhalt auf die wesentlichen – aus juristischer Perspektive erforderlichen – Punkte verkürzt werden. Emotionale Aspekte der Beteiligten haben hier keinen Platz. Die **Verrechtlichung des Konflikts** bedeutet regelmäßig, dass die soziale Beziehung in den Hintergrund tritt. Der Richter würde in der mündlichen Verhandlung auf die emotionalen Aspekte nicht eingehen. Unter Umständen kann er sie sogar als hinderlich erachten. Wenn der Carl etwa seine Bedürfnisse und Gefühle zum Ausdruck bringt, würde der Richter früher oder später sagen: „Schön und gut, was Sie da sagen. Das gehört hier aber nicht hin."

Demgegenüber wird der „Sachverhalt" in der Mediation auch in dieser Hinsicht „ausgewalzt". Gefühle und Bedürfnisse der Beteiligten sollen zum Vorschein gebracht werden. Gefühle und Interessen etwa des Carl spielen daher anders als in einem Gerichtsverfahren in einer Mediation eine große Rolle.

2. Erste Erläuterung

Zunächst steht eine Bestandsaufnahme des Konflikts zwischen den Parteien an. Hierbei soll zuerst jede Partei eine bestimmte Zeit lang ihrer Sichtweise des Konflikts ausführlich darlegen (ca. 5 Minuten). Damit wird eine Grundlage geschaffen, über die gesprochen werden kann. Dabei wird darauf geachtet, dass die andere Partei nicht unterbricht. Jede Partei soll die Möglichkeit gegeben werden, zuerst **„Dampf abzulassen“**.

Der Mediator achtet aber auch darauf, dass der zuhörenden Partei dabei nicht zuviel oder unerträgliches zugemutet wird. Es kann für den daher Mediator nötig werden, zu unterbrechen. Dies ist etwa der Fall, wenn die Äußerungen zu ausschweifend oder für die andere Partei offenkundig nicht mehr zu ertragen sind.

Beispiel: Der Arne hat sich in seinem Eröffnungsstatement derart in Rage geredet, dass er den Manfred als „blöden Idioten“ und „geldgeilen Sack“ bezeichnet.

Der Mediator sollte hierbei allerdings darauf achten, dass die Medianten durch ein Eingreifen nicht über das notwendige Maß hinaus gestört werden. Jede unmittelbare Intervention des Mediators in die Äußerungen der Parteien, die mit ihrer Konfliktlösung ohnehin beschäftigt genug sind, bedeutet für sie zusätzliche Belastung. Es gilt daher der Grundsatz der Wahl des mildesten Mittels. Daher sollte sich der Mediator stets einer bestimmten Wortwahl bedienen, welche die Medianten als möglichst geringe Störung empfinden (hierzu näher im 3. Teil bei den Techniken der Mediation).

Der Mediator hört sich die Schilderungen der Parteien an. Ziel ist es, einzelne Themen herauszuarbeiten und zu ordnen. Oft gibt es eine Menge an Problemen, die auch nicht unbedingt deckungsgleich sind.

Wichtig in dieser Phase ist, dass alle Parteien und der Mediator verstanden haben, worin die einzelne Partei den Konflikt sieht.

In dieser Phase erfolgt noch **keine direkte Kommunikation** zwischen den Parteien. Die Parteien kommunizieren jeweils ausschließlich über den Mediator.

Werden die Medianten von Rechtsanwälten begleitet, sollen danach die Anwälte kurz die rechtliche Situation schildern. Dabei sollen sie sich auf die wesentlichen Gedanken konzentrieren. Lange Monologe sind nicht angebracht.

Exkurs: Rolle von beratenden Rechtsanwälten in der Mediation

Anders als in einem Gerichtsverfahren sprechen die Rechtsanwälte nicht für ihre Mandanten, sondern sollen ihnen unterstützend und in einer **Rolle des Rechtsberaters** zur Seite stehen. Die Parteien sollen selbst die „Herr der Lage“ bleiben.

Wichtig ist, dass die Medianten **keine falschen Erwartungen** über die Rolle ihrer Rechtsanwälte in der Mediation haben. Sie sollten daher vom Mediator zu Beginn der Mediation darüber aufgeklärt werden, welche Rolle ihre Rechtsanwälte in der Mediation einnehmen. Oft hat der Rechtsanwalt seinen Mandanten hierüber schon vor Beginn des Verfahrens in Kenntnis gesetzt.

Eine andere Situation ergibt sich, wenn die Rechtsanwälte erst nach der Mediation hinzugezogen werden. Hier besteht die nicht unerhebliche Gefahr, dass es zu einer erneuten Eskalation des Konflikts kommt. Teil der Mediation ist es, dass die Konfliktparteien auf bestehende Rechtsansprüche zugunsten der Win-Win-Situation verzichten, d.h. sie zahlen beispielsweise mehr als nötig an die geschiedene Frau und Kinder oder sie fordern weniger Schadenersatz, um ihren Zulieferbetrieb nicht zu ruinieren.

Der Mediator versucht nach den Eröffnungsstatements der Parteien und ihrer Rechtsanwälte, so weit es geht, die Schilderungen der Parteien wiederzugeben (sog. **Paraphrasieren**). Das sollte möglichst ausführlich geschehen. So wird von Beginn an Vertrauen bei den Parteien aufgebaut.

Paraphrasieren ist die wortgleiche oder sinngemäße Wiedergabe des Gesagten. Den Parteien wird so vermittelt, dass ihnen jemand zuhört und sie ernst nimmt. Sie fühlen sich tiefgreifend verstanden (siehe auch bei den Techniken).

Auch mit schwierigen oder ihm wenig sympathischen Menschen muss der Mediator offen und aufgeschlossen umgehen. Dies ermöglicht ihm eine empathische, den Parteien zugewandte Grundhaltung (hierzu unten im 3. Teil bei den Techniken des Mediators).

3. Ausführliche Darstellung des Sachverhaltes

Nach der ersten Stellungnahme der Parteien, die oft von emotionalen Äußerungen (vor allem von Schuldzuweisungen) geprägt sind, soll der Sachverhalt, der dem Konflikt zugrunde liegt, nach Möglichkeit weiter ausgebreitet werden. Der Mediator befragt die Parteien dazu abwechselnd zu offenen Punkten, die nach den bisherigen Aussagen der Parteien noch offen sind, die dem Mediator aber für den weiteren Verfahrensverlauf wichtig erscheinen.

Dabei sollten Fragen offen gestellt werden. Auf offene Fragen kann anders als bei sog. geschlossenen Fragen nicht mit ja oder nein geantwortet werde (hierzu auch unten bei den Fragetechniken).

Offen	**Geschlossen**
Wie fühlen Sie sich?	Fühlen Sie sich gut?
Welche Farbe hatte das Sofa?	War das Sofa blau?
Was hat das Sofa Ihnen bedeutet?	Hat das Sofa Ihnen viel bedeutet?

In der Einleitungsphase werden zunächst die Arbeitsgrundlagen festgelegt. Insbesondere vereinbaren die Beteiligten Grundregeln für das weitere Verfahren. An eine erste Erläuterung, in der die Parteien „Dampf ablassen“ können, schließt sich eine ausführlichere Darstellung des Sachverhalts an.

II. Themenphase

In dieser Phase geht es darum, dass die Themen, über die jede Partei in der Mediation sprechen will, gesammelt werden. Aufgabe des Mediators ist es dabei, die oftmals emotionalen Äußerungen (z. B. Schuldzuweisungen) der Parteien jeweils in **wertungsfreie Themen** umzuformulieren und diese dann zu visualisieren. Andernfalls stünde eine Anschuldigung während des gesamten weiteren Verfahrens auf dem Themenblatt. Dies kann dazu führen, dass es zu keiner konstruktiven Lösung kommt.

Es gibt verschiedene Möglichkeiten, die Themen zu fixieren und zu untergliedern:

Die von den Parteien genannten Positionen können vom Mediator neutral umschrieben und auf einem Flipchart festgehalten werden. Zum Beispiel ist es für das weitere Verfahren wenig hilfreich festzuschreiben: „Matthias bekommt von Claudia die Goldkette", da hierdurch für Claudia das Ergebnis schon feststeht. Vorteilhafter ist es zu schreiben „Was passiert mit der Goldkette?" oder einfach nur „Goldkette". Der Mediator versichert sich, bevor er das Thema aufschreibt, ob der Mediant, dessen Thema fixiert werden soll, mit der Formulierung einverstanden ist. Dies kann der Mediator an den verbalen Äußerungen, insbesondere aber auch an der nonverbalen Kommunikation der Partei erkennen.

Beispiel: „Sie ziehen die Augenbrauen hoch. Was gefällt Ihnen nicht?" oder „Sie runzeln mit der Stirn. Worin sehen Sie momentan das Problem?"

Aber auch die Parteien können aufgefordert werden, ihre Position selbst zu benennen.

Der Mediator sollte bei der Visualisierung zwischen den einzelnen Themen genug Abstand lassen, damit die einzelnen Themen noch ergänzt oder geändert werden können. Der Prozess ist hier fließend.

Oftmals haben die Parteien unterschiedlich viele Positionen, die sie behandeln möchten. Hier muss keine „Gerechtigkeit" herrschen. Wenn A fünf Punkte behandeln will und B nur zwei einfallen, dann ist das halt so.

Beispiel: Der Kurierfahrer Herr Müller fährt mit seinem Privatwagen Post aus. Er hat mit seinem Wagen einen Autounfall mit Herrn Schmidt verursacht (Totalschaden). Die Versicherung zahlt wegen ungeklärter Verschuldensanteile nicht. Eine Themenauflistung könnte dann wie folgt aussehen:

Herr Schmidt	Herr Müller
Frage einer Entschädigung Was passiert mit dem alten Auto? Woher neues Auto? Woher Ersatzwagen?	Drohende Entziehung der Fahrerlaubnis Wirtschaftliche Situation

Wichtig ist bei der Visualisierung der Themenkomplexe, dass jede Partei ihre Themen auf einem eigenen Blatt bzw. einer Seite eines Blattes sieht. Die andere Partei hat **kein Mitspracherecht** und **kein Vetorecht** darüber, was auf dem eigenen Themenblatt geschrieben steht.

In der Themenphase werden diejenigen Themen gesammelt, über die die Parteien jeweils in der Mediation sprechen wollen. Der Mediator muss persönliche Angriffe hierbei in wertungsfreie Themen umformulieren.

III. Konflikterhellungsphase

In dieser Phase, dem **„Kernstück"** der Mediation, werden die hinter den Positionen stehenden Interessen (Ziele, Anliegen, Wünsche, Werte, Ängste, Motive) der Parteien geklärt. Die Parteien sollen zunächst **Klarheit über ihre eigenen Motive und Beweggründe** gewinnen. Die Parteien sollen von ihren Positionen wegbewegt werden und den Blick auf die dahinter stehenden Interessen und Bedürfnisse richten. Hierzu muss der Mediator durch Nachfragen tiefer „bohren“. Das Herausarbeiten der Interessen der Parteien ist die Grundlage für eine konstruktive Lösungsfindung in der nächsten Phase.

In dieser Phase kann es sinnvoll sein, Einzelgespräche zwischen dem Mediator und nur einer Partei, dem sog. caucus (hierzu sogleich im Exkurs) führen. Nicht selten vertraut die Partei dem Mediator erst hierbei die eigentlichen Motive an, die für sie von Bedeutung sind.

Exkurs: Einzelgespräch (sog. caucus)

Besonders in der Wirtschaftsmediation gebräuchlich sind in der Konflikterhellungsphase Einzelgespräche. Das bedeutet, dass der Mediator eine Partei hinausbittet und in einem kürzeren Zeitraum mit der anderen Partei ein Einzelgespräch führt, um dies danach auch mit der anderen Partei zu tun. Wichtig ist dabei, dass beide Einzelgespräche möglichst gleich lang dauern.

Sinn eines Einzelgespräches ist es, dass der Mediant dazu Gelegenheit haben soll, unbefangen Dinge zu offenbaren, die er (zumindest zum gegenwärtigen Zeitpunkt) der anderen Seite (noch) nicht mitteilen will oder kann (etwa das genehmigte Budget für eine Lösung). Mit dem Mediator wird dann vereinbart, inwieweit die Inhalte des Einzelgesprächs auch im Plenum zum Einsatz kommen sollen.

In dem Einzelgespräch klärt der Mediator auch mögliche **Nichteinigungsalternativen**. Eine in der Mediation gefundene Lösung muss immer besser sein als die beste Alternative, die jede Partei außerhalb des Mediationsverfahrens hat, sog. **Best Alternative to negotiated Agreement (BATNA)**. Für jede Partei ist es wichtig, ihre BATNA zu kennen, damit eine Lösung im Wege der Mediation gefunden werden kann, die für die Partei zufrieden stellend ist.

Ferner haben in Konflikten beide Parteien nicht selten eine überoptimistische Einschätzung hinsichtlich des Ausgangs eines Gerichtsprozess. Auch dies kann im Einzelgespräch geklärt werden.

Bei den Einzelgesprächen ist jedoch **Vorsicht** angebracht: Grundsätzlich sollten sie nur angewendet werden, wenn der Mediator den Eindruck bekommt, dass das Verfahren stockt, weil die Parteien sich nicht offenbaren wollten. Für die Partei, die warten muss, ist es unangenehm am Gespräch nicht teilnehmen zu können und nicht zu wissen, was der Mediator gerade mit der anderen Partei bespricht. Von einer in den USA verbreiteten Methode der Mediation, der shuttle diplomacy, bei der der Mediator zwischen den Medianten, die in unterschiedlichen Räumen sitzen, sozusagen als Bote zwischen den Parteien hin- und herpendelt, ist abzuraten.

Der Mediator sollte die Frage der **Zulässigkeit** von Einzelgesprächen mit den Medianten vorab **klären**. Außerdem sollte er die Gründe, warum ein Einzelgespräch gerade jetzt sinnvoll ist, stets darlegen. Ferner sollte der Partei, die warten muss, zumindest eine sinnvolle Aufgabe geben werden, mit der sie sich beschäftigen kann. Beispielsweise kann dieser Partei geraten werden, für sich die bisherigen Schritte zu überprüfen und sich schon einmal Gedanken zumachen, welche Lösungen für sie in Betracht kommen.

Beispiel für die Einleitung von Einzelgesprächen durch den Mediator: „Ich denke, dass Sie beide schon viel zur Lösung des Konflikts beigetragen haben. Ich habe im Moment aber das Gefühl, dass wir ins Stocken geraten sind. Die Situation erscheint momentan festgefahren zu sein. Ich schlage daher vor, dass wir an dieser Stelle wie vereinbart dazu übergehen, Einzelgespräche zu führen. Hier können Sie mir jeweils Dinge anvertrauen, die im gemeinsamen Gespräch noch nicht zur Sprache gekommen sind. Die Vertraulichkeit ist gewahrt. Wenn alle Parteien einverstanden sind, beginne ich mit dem A. Ich werde jetzt etwa 10 Minuten mit Ihnen reden. Danach kommen Sie, B, genauso lange dran. Ich bitte Sie, während Sie warten, über das bisher Gesagte zu reflektieren und sich Gedanken zu machen, was ihrer Meinung nach noch zur Sprache kommen sollte."

In der Konflikterhellungsphase sollen verborgene Gefühle, Hintergründe und Interessen von den Parteien beschrieben werden, also Tabus aufgebrochen werden. Nicht selten sind diese für die einzelnen Parteien selbst unbekannt oder bleiben unausgesprochen. Ziel dieser Phase ist es, dass beide Parteien die Interessen der anderen Partei anerkennen und sich dadurch ihre Blickrichtung vom ursprünglichen Verhalten wegbewegt. Es soll wieder eine **direkte Kommunikation** zwischen den Parteien stattfinden. Dadurch sollen die Parteien in die Lage versetzt werden, ihren Konflikt selbstständig zu lösen.

Die bloße Forderung einer Position ist demgegenüber kaum dazu geeignet, eine Anerkennung zu bewirken. In dem Orangenbeispiel (oben im 1. Teil unter „Win-Win-Situation) wird nur durch die Offenbarung des hinter der Forderung („ich will die Orange") liegenden Interesses („ich benötige die Schale/ich benötige das Fruchtfleisch") eine für alle Beteiligten befriedigende Lösung gefunden („Vergrößerung des Kuchens").

Diese gegenseitige Anerkennung wird von den Parteien oft auch **körperlich zum Ausdruck gebracht**:

Zu Beginn der Mediation würdigen sich Parteien oft keines Blickes oder sie drehen sich auch voneinander weg. Im Laufe der Konflikterhellungsphase beginnen die Parteien, sich dem Gegenüber zuzuwenden, sie sehen sich erstmals wieder an und bewegen ihren Körper in Richtung der anderen Partei.

Was ist in dieser Phase noch zu berücksichtigen? In dieser Phase geht es um eine **Wertschätzung des Problems**. Dazu gehört zunächst, dass die andere Partei das Problem an sich anerkennt. Dies kann durch Fragen wie: „Wie würden Sie sich an dieser Stelle verhalten?" oder „können Sie die Situation des … einmal mit eigenen Worten beschreiben" erreicht werden.

Diese Fragen führen zugleich dazu, dass die andere Partei wahrnimmt, dass Ihr Problem verstanden worden ist. Ist das Problem hingegen nicht verstanden worden, ist das auch keine Katastrophe. Dann muss das Problem noch einmal erörtert werden.

Um sich wertgeschätzt zu fühlen, muss jeder Partei vermittelt werden, ihre Vorstellungen und Interessen hinreichend zum Ausdruck gebracht zu haben. **Es darf also nichts offen bleiben.** In dieser Phase sollten die Interessen der Parteien ebenfalls auf einem Flipchart festgehalten werden.

Beispiel (nach dem obigen Unfallbeispiel):

Herr Schmidt	Herr Müller
Finanzielle Entschädigung für die erlittenen Schäden	Sicherung der beruflichen Existenz
Sicherstellung, dass keine Hochstufung bei Versicherung	Gesichtswahrung
Entschuldigung	Keine Information an die Auftraggeber
Schnelle, kostengünstige Lösung	Schnelle, kostengünstige Lösung
Abschließende Lösung	Abschließende Lösung

Innerhalb dieser Phase ist der **Rollentausch** (zur Technik siehe unten im 3. Teil) eine gute Technik, die hilft, Probleme anzuerkennen. Sie bewirkt auch, dass sich die andere Partei in Beweggründe, Gefühle und Interesse der anderen Partei hineinversetzen kann.

Am Ende der Konfliktlösungsphase sollten beide Parteien ein Grundverständnis für die Situation der anderen Seite haben und dies auch gezeigt haben. Nur dadurch, dass jede Partei die Bedürfnisse und Interessen der anderen Partei anerkannt hat, kann eine Grundlage für eine gemeinsame zukunftsorientierte Konfliktlösung geschaffen werden. Es ist sinnvoll, soweit der Umfang der Themen dies zulässt, gegenseitig die Probleme noch einmal abzufragen und sich zu versichern, dass alle Probleme erörtert wurden.

Am Ende dieser Phase lässt sich oft eine allgemeine Erleichterung wahrnehmen. Im besten Fall, gewissermaßen als „Team", kann jetzt gemeinsam in der Ideenphase die Problemlösung begonnen werden.

Es kann sinnvoll sein, nun die gemeinsam erkannten und anerkannten Probleme nochmals aufzuschreiben, um eine gemeinsame Arbeitsgrundlage zu schaffen.

Die Konflikterhellungsphase als „Kernstück“ der Mediation dient dazu, die hinter den Positionen liegenden Bedürfnisse und Interessen der Parteien „herauszufiltern“. Dem Mediator stehen hierfür verschiedene Techniken zur Verfügung.

IV. Ideenphase

Dadurch, dass sowohl die eigenen Interessen als auch die Interessen der anderen Partei bekannt sind und nicht mehr in Abrede gestellt werden, also anerkannt sind, kann nun damit begonnen werden, miteinander zu arbeiten. Hierauf baut diese Phase auf, in der es um die **Sammlung von möglichen Ideen** zur Lösung des Konflikts geht.

Oft wird in Praxissimulationen, aber auch in der Praxis zu schnell zu dieser Phase übergegangen. Solange die Parteien nicht wirklich Verständnis für die Interessen der anderen Seite gezeigt haben, verharren sie jedoch bei ihren ursprünglichen Positionen und widersetzen sich einer kreativen Ideensuche. Die Lösungssuche verläuft dann sehr schleppend und für alle Parteien unbefriedigend.

Der Mediant darf auch nicht das Gefühl haben, noch nicht richtig verstanden worden zu sein, da er sich ansonsten nicht ohne weiteres auf die Suche nach einer Lösung des Konflikts machen wird. Es ist daher Vorsicht angebracht, mit dieser Phase zu früh zu beginnen.

Wichtig ist, den Parteien von vornherein klar zu machen, dass erst mal alles angesprochen werden darf; auch „Abwegiges“. Die Parteien sind natürlich nicht an ihr Problem gebunden; sie dürfen auch das Problem der anderen Partei lösen.

Der Mediator soll für eine lockere Atmosphäre sorgen, in der die Parteien in einer Art Brainstorming Ideenvorschläge äußern sollen, die dann auf einem Flipchart oder besser einer Pinnwand gesammelt werden. Dies kann beispielsweise in Form eines Mind-Mappings oder eines Clusterns geschehen. Einzelne Lösungsvorschläge sollten auf jeweils einzelne Karten geschrieben und bereits möglichst strukturiert aufgehängt werden. Das bedeutet, dass zusammenhängende Lösungsvorschläge auch möglichst nebeneinander stehen sollten.

Exkurs: Kreativitätstechniken

Dem Mediator stehen verschiedene Techniken zur Verfügung, im Rahmen dieser Phase **Kreativitätsimpulse** zu geben. Schließlich sollen bei der Lösungsfindung die herkömmlichen Denkmuster nach Möglichkeit aufgelöst werden.

Es ist günstig, die Phase durch eine **Veränderung einzuleiten.** Dies kann z.B. durch eine Pause erreicht werden. Der Mediator kann auch vorschlagen, den Ort zu wechseln („lassen Sie uns doch auf den Balkon gehen"). Ein Ortswechsel kann neue Kreativität freisetzen. Im Allgemeinen ist es gut, Auflockerung durch Bewegung zu schaffen. Der Mediator kann auch aufstehen und die Medianten auffordern, ans Flipchart zu gehen dort ihre Ideen zu fixieren. Dabei ist es wichtig, alle gleichzeitig nach vorne zu holen. Dadurch wird gewährleistet, dass sich nicht eine Person vorgeführt fühlt („komm an die Tafel, und mach was kreatives"). Schon die persönliche Nähe vor dem Flipchart und die gemeinsame Blickrichtung können dazu führen, dass neue Impulse freigesetzt werden.

Bei Mediationsverfahren im größeren Kreis kann es sinnvoll sein, in dieser Phase den Personenkreis auf die eigentlichen Mediaten zu verkleinern. Eine Mediation **zulasten nichtanwesender Dritter** ist dabei aber selbstverständlich **ausgeschlossen**.

Das **Brainstorming** muss von dem Mediator kurz erklärt werden. Er muss deutlich machen, dass (zunächst) ein Kritikverbot herrscht und die Parteien ohne großes Nachdenken ihre Gedanken äußern sollen. Es muss ganz deutlich werden, dass es hier nicht auf die Machbarkeit ankommt. Die Parteien sollen ihre Lösungsvorschläge nicht sofort begründen. Es wird zunächst nur gesammelt, was den Parteien gerade einfällt.

Die Parteien müssen von alten Denkstrukturen gelöst werden. Besonders gefährlich sind Äußerungen wie „das haben wir 1997 schon versucht, das hat damals auch nicht geklappt."

Um die Diskussion vor vermeintlichen Sachzwängen und ähnlichem zu schützen, ist es gut, eine andere „Ebene“ zu wählen und die Medianten etwa aufzufordern: „Stellen Sie sich vor, Sie könnten zaubern, was würden Sie jetzt als Lösung vorschlagen.“

Zweck der Kreativitätstechniken ist es, die Parteien dazu zu animieren, dass sie aus ihren herkömmlichen Denkmustern „ausbrechen“. Jeder Mensch hat bestimmte Denkmuster verinnerlicht.

Beispiel: Der immer klamme Tobias weiß, dass ihm in seinem Bekanntenkreis niemand mehr Geld leihen will. Zuletzt hat er sich von Grit sogar Beschimpfungen anhören müssen, als er sie um Geld fragte. Daher ist es für ihn in alle Zukunft klar, dass er seine Freunde erst gar nicht mehr um Geld fragen darf.

Kreativitätstechniken sollen dazu führen, dass die Parteien ihre herkömmlichen Denkmuster hinter sich lassen und sich neue Ideen einfallen lassen. In dem obigen Beispiel könnte das so aussehen, dass Tobias sich einfallen lassen könnte, wie er sich bei seinen Bekannten Geld verdienen könnte. Beispielsweise ist Tobias ein guter Handwerker und könnte Grit verschiedentlich unter die Arme greifen, so dass diese bereit sein wird, ihn dafür zu entlohnen.

In dieser Ideenphase ist – wie im Übrigen während der gesamten Mediation – bis zur schriftlichen Vereinbarung einer Lösung alles **unverbindlich**. Es findet vorerst keine Bewertung der geäußerten Ideen statt. Hierauf sollte der Mediator die Parteien zu Beginn der Ideenphase hinweisen. Erst nach Abschluss der Ideensammlung kommt es in der Problemlösungsphase zu einer Bewertung der einzelnen Vorschläge.

In diesem Bewusstsein, sich nicht zu binden und sich keiner Rechtfertigung auszusetzen, sollen die Parteien in lockerer Atmosphäre **ganz ungezwungen** ihre Vorschläge äußern.

Allerdings sollte der Mediator darauf achten, dass die Parteien möglichst kurze Vorschläge machen und keine ausufernden Monologe halten, da dies den Kreativitätsfluss stoppen könnte. Insbesondere sollte er darauf achten, dass die Medianten ihre Lösungsvorschläge zwar kurz erklären, aber nicht begründen. Es herrscht **keine Begründungspflicht!**

Oftmals kommen bei der Ideensuche allerdings auch Aspekte aus der Vergangenheit zum Vorschein. Aufgabe des Mediators ist es hier, die Konfliktparteien dazu zu bringen, den Blick von der Vergangenheit in die Zukunft zu richten. Es handelt sich bei der Mediation gerade nicht um eine Therapie, sondern um ein zukunfts- und zielorientiertes Verfahren. Das Verhaften in der Vergangenheit bedeutet oft zugleich, dass die Konfliktparteien wieder in eine Vorwurfshaltung geraten und sich dadurch einer kreativen Lösungsfindung verschließen. Diese „Blockade“ soll durch den Blick in die Zukunft gelöst werden.

Der Mediator versucht dabei durch verschiedene Fragetechniken die Parteien auf ganz neue, möglicherweise auf den ersten Blick **völlig verrückte Ideen** zu bringen (Motto: „Alles ist erlaubt!“). Gerade solche Ideen sollten zugelassen werden, damit die Parteien nicht in ihrer Kreativität gebremst werden. Nicht selten sind gerade auf den ersten Blick abwegige, ganz neue Ideen diejenigen, die später als Grundlage für eine Lösung dienen.

Die Ideen werden auf einzelnen Karten notiert und aufgehängt. Es sollte für die dann folgende Problemlösungsphase eine möglichst große Zahl von Lösungsmöglichkeiten zustande kommen. Stockt daher der Lösungsfindungsprozess, ist es Aufgabe des Mediators, durch Fragetechniken Kreativitätsimpulse zu setzen. Hierzu kann es sich auch anbieten, an bereits bestehende Lösungsvorschläge anzuknüpfen. Ansonsten sollte der Mediator, solange Lösungsvorschläge von den Parteien kommen, zurückhalten, um die Kreativitätszufuhr nicht zu stoppen.

Fallen den Parteien auch nach den gezielten Fragetechniken des Mediators keine neuen Lösungsideen mehr ein, sollte diese Phase beendet werden.

Fragebeispiele des Mediators:

-„Welche Lösung, die hier noch nicht aufgeschrieben steht, fällt Ihnen noch ein?“

- „Lassen Sie uns mal spinnen: Was können Sie sich noch vorstellen?“

- „Stellen Sie sich vor, ein Dritter würde Ihren Konflikt von außen betrachten, welche Lösung würde er vorschlagen?“

- „Welche ganz verrückten Ideen, die sie bislang noch nicht zu äußern gewagt haben, fallen Ihnen ein?“

Der Mediator macht sich keine Gedanken darüber, wie eine optimale Lösung für die Parteien auszusehen hat. Hat er selbst eine Lösung im Kopf, besteht die Gefahr, dass er die Parteien meist unbewusst zu dieser Lösung führt. Welche Lösung des Konflikts die beste ist, wissen aber nur die Medianten.

Eine äußerst umstrittene Frage ist daher, ob der Mediator in dieser Phase ausnahmsweise **eigene Lösungsvorschläge** einbringen kann und soll. Hieran ist äußerst problematisch, dass die Mediation zu einer eigenständigen Lösungsfindung durch die Konfliktparteien führen soll, der Mediator aber außenstehender Dritter ist.

Der Mediator sollte im Regelfall Lösungsvorschläge nur dann äußern, wenn er von den Parteien hierzu befragt wird. In Ausnahmefällen, wenn den Parteien nichts einfällt, kann es aber notwendig sein, zur Inspiration Lösungsmöglichkeiten zu nennen. Am besten ist es, von Lösungen aus der Praxis zu erzählen, die nicht eins zu eins übernommen werden, aber die Parteien inspirieren können.

So kann es in der Familienmediation etwa dazu kommen, dass die Parteien im Umgangsrecht keine Lösung finden. Der Mediator kann hier aus seiner Erfahrung abstrakt aufzeigen, wie dieses Problem in anderen Verfahren gelöst wurde (freilich, ohne seine Vertraulichkeitsverpflichtung aus anderen Verfahren zu verletzten, indem er keine konkreten Einzelheiten nennt). Zugleich kann damit die Gerichtsfestigkeit und Machbarkeitskontrolle (auch durch Nichtjuristen) eines Lösungsvorschlages überprüft werden.

In der Ideenphase soll es zu einer kreativen Ideensuche durch die Parteien kommen. Aufgabe des Mediators ist es, hierbei eine lockere Atmosphäre zu schaffen, in der auch scheinbar verrückte Ideen unbefangen geäußert werden sollen.

C. Umsetzungsphase

In der sich nun anschließenden Phase geht es darum, wie die Ideen konkret umgesetzt werden können.

I. Problemlösungsphase

In dieser Phase sollen die Parteien gemeinsam diejenige Lösung finden, die für sie beide befriedigend ist. Dies geschieht dadurch, dass die zuvor aufgeschriebenen Lösungsoptionen sortiert und ausgewertet werden. Hierbei wägen die Parteien Vor- und Nachteile der einzelnen Möglichkeiten ab. Auch werden einzelne Lösungsmöglichkeiten auf ihren Realitätsgehalt hin bewertet. Es ist gut möglich, dass danach eine erneute, schon speziellere Ideensammlung stattfindet.

Unbrauchbare Lösungen werden nicht weiter verfolgt, während erfolgsversprechende Lösungen vertieft, verbessert, miteinander kombiniert, weiterentwickelt und hinsichtlich ihrer Konsequenzen überprüft werden. Dies kann praktisch dadurch geschehen, dass die einzelnen Lösungsvorschläge, die in der Ideenphase auf einzelne Karten geschrieben wurden, jetzt hin und her geschoben, aussortiert oder der Umsetzungsmöglichkeit nach geordnet werden. Die Parteien versuchen dadurch, eine sog. **zone of possible agreement** (ZOPA) zu finden.

Der Mediator sollte darauf achten, dass die Parteien nicht bei der erstbesten übereinstimmenden Lösungsmöglichkeit das Verfahren beenden. Richtige Wertschöpfungsprozesse, die das Kernbild einer in der Mediation gefundenen Lösung ausmachen, entstehen erst, wenn zahlreiche Lösungsvarianten diskutiert, abgewogen und verfeinert wurden. Zumindest die in der Ideenphase aufgeschriebenen Ideen sollten einmal ausführlich angesprochen werden.

Zwar ist auch in dieser Phase die Unverbindlichkeit noch groß geschrieben, allerdings sollte der Mediator nicht zulassen, dass ein Lösungsvorschlag ohne Begründung von den Parteien abgelehnt wird. Jede Partei sollte jeweils benennen, aus welchem Grund sie einen Vorschlag ablehnt.

Hier wird nochmals deutlich, wie wichtig die Ergebnisoffenheit ist. Für die Lösungsfindung ist es nachteilig, wenn für eine Partei nur eine einzige Lösung tragbar wäre. Alle Parteien müssen dazu animiert werden, auch für neue Lösungen offen sein. Der Mediator kann hier auch offen ansprechen, dass eine Partei auf Teile verzichten kann, um schließlich in für sie bedeutsamen Punkten eine zufriedenstellende Lösung zu erreichen.

Es findet insgesamt eine Wertschöpfung statt: Mit der Offenlegung der gegenseitigen Interessen ist für beide Seiten deutlich geworden, was den anderen bewegt und was hinter dessen Position steckt. Dies können beide Seiten ausnutzen, indem sie gemeinsame Interessen zusammen verfolgen können und die unterschiedlichen Interessen der jeweils anderen Partei fördern. Nicht selten wird dadurch ein auf den ersten Blick gar nicht ersichtliches **Gewinnpotential verwirklicht**.

Die **„Ideenspirale“** dreht sich dabei in der Regel so lange weiter, bis eine für beide Parteien vorteilhafte Lösung (sog. win-win-situation) gefunden wurde.

Am Ende sollte eine Lösung stehen, die möglichst konkret, für beide Parteien praktisch umsetzbar ist und mit der die Parteien leben können.

Der Mediator muss allerdings eingreifen, wenn er den Eindruck gewinnt, dass die Medianten utopische oder offensichtlich unmögliche Ziele und Lösungen verfolgen.

Beispiel: In einer Krankenhausküche gibt es immer Streit. Die Zusammenarbeit klappt nicht. Neben der falschen Ablage von Kochlöffeln wird nun auch deutlich, dass die Kommunikation gestört ist. Es ist hektisch, nie ist genug Zeit. Es reicht oft nicht für die Mittagspause. Besonders unter Stress führte dies regelmäßig zu Streitereien mit Tränenausbrüchen. In der Mediation sitzen die Köche, Kochgehilfen und Auszubildenden nun alle zusammen. Alle haben sich wieder lieb. Allen ist klar, dass wieder mehr miteinander gesprochen werden soll. Deshalb wollen die Parteien vereinbaren, sich täglich eine halbe Stunde zu treffen und – wie hier in der Mediation – offen die Probleme zu erörtern.

In solchen Fällen gehört es zu den Aufgaben der Mediatoren, die offensichtliche Unmöglichkeit der Vereinbarung zu thematisieren.

Eine Lösung wie im Beispiel, die scheitern wird, weil die Zeit sowieso schon knapp ist und ein halbe Stunde täglich nicht zur Verfügung steht, ist nicht Ziel der Mediation.

Andere typische Fälle sind Lösungen, in denen sich eine Partei verpflichtet, Schulden zurückzuzahlen aber offensichtlich ist, dass die Höhe der Raten von ihr aber rein wirtschaftlich gar nicht aufgebracht werden kann.

Der Mediator darf die Parteien zu keiner Zeit dazu drängen, eine Lösung zu finden. Hier gilt wieder der Grundsatz, dass der Mediator dem Problem selbst gleichgültig gegenüberstehen muss. Der Mediator darf z. B. die Trennung von Parteien in der Familienmediation nicht verhindern.

Manchmal kann es vorkommen, dass die Parteien keine gemeinsame Lösung für das Gesamtproblem finden. Die Parteien sollten dann zumindest in Erwägung ziehen, ob nicht eine Lösung für einen Teil des Problems gefunden werden kann.

Es kann auch vorkommen, dass die Parteien aus verschiedenen Gründen keine Lösung finden und die Mediation daher **erfolglos abgebrochen** werden muss. Unter keinen Umständen darf der Mediator die Parteien durch Aufzeigen der möglichen Risiken eines gerichtlichen Verfahrens zu einer Lösung zwingen. Der „Zwangsvergleich“ muss unter allen Umständen vermieden werden.

Der Mediator muss aufpassen, dass er auch nicht aus eigenen Antrieben – ich will doch keine „Niederlage“ - die Nichteinigung durch einen „Zwangsvergleich“ zu verhindern versucht.

Der Mediator sollte bei der Lösungsfindung durch die Parteien stets die Körperhaltung der Medianten berücksichtigen. Strahlen diese Zufriedenheit aus oder zeigen sie, dass sie mit der Lösung eigentlich nicht einverstanden sind? Der Mediator sollte dann unbedingt nachfragen, was die Medianten noch stört. Erst wenn alle Parteien mit der gefundenen Lösung einverstanden sind, ist diese Phase beendet.

II. Festhalten des Ergebnisses

In dieser Abschlussphase müssen die Parteien die zuvor gefundene Lösung präzisieren und schriftlich in einem gemeinsamen Arbeitstext fixieren. Die einzelnen von den Parteien vorzunehmenden Maßnahmen müssen **detailliert notiert** werden. Jede Partei muss aufgrund der gefundenen Vereinbarung genau wissen, was nun zu tun ist. Es kann sich hierbei anbieten, ein **genaues Arbeitsprogramm** zu entwickeln.

Nicht jeder für sich formuliert die Lösung, sondern sie wird gemeinsam zu Papier gebracht (sog. **Ein-Text-Verfahren**). Hier können sich die Medianten der Hilfe der Rechtsanwälte bedienen. Der Mediator muss darauf achten, dass nicht eine Partei den Text „diktiert“.

Auch der Mediator kann die gefundene Lösung zu Papier bringen, wobei sich hier bei Nichtjuristen gegenwärtig das Problem der unerlaubten Rechtsberatung stellen kann (siehe hierzu unter *Rechtliche Aspekte der Mediation*, S. 98).

In der Abschlussvereinbarung kann eine **Mediationsklausel** eingefügt werden. Die Medianten verpflichten sich darin, im Falle von Streitigkeiten aus dieser Vereinbarung erneut ein Mediationsverfahren durchzuführen.

Die vereinbarte Lösung wird regelmäßig in einem **Vergleich** festgehalten, wobei eine Vollstreckbarkeitsklausel („die Parteien unterwerfen sich der Vollstreckung aus dieser Vereinbarung“) in den Vergleich aufgenommen werden kann. Sind Anwälte in der Mediation zugegen, kann ein sog. Anwaltsvergleich geschlossen werden (vgl. §§ 796 a, b ZPO). Auch eine notarielle Beurkundung kommt in Betracht. War das Verfahren nach § 278 V ZPO ausgesetzt, kann ein gerichtlicher Vergleich geschlossen werden.

Das gefundene Ergebnis sollte entsprechend besiegelt werden. Je nach Umfang der Streitigkeit kann sich etwa ein **ordentlicher Händedruck** anbieten oder es kann auch mit **Sekt** angestoßen werden. In jedem Fall sollte der Abschluss etwas Feierliches haben. Den Parteien sollte vor Augen geführt werden, dass sie gemeinsam etwas erreicht haben.

Der Mediator fertigt - auch aus Gründen der Beweissicherung - anschließend eine **Dokumentation** an über den Beginn der Mediation, die Umstände, aus denen sich ergibt, ob eine Mediation fortgesetzt wird sowie über das Ergebnis der Mediation.

III. Ergebniskontrolle und Reflexion

Da das Ergebnis der Mediation ohne den Mediator umgesetzt wird, kann es sich anbieten, dass der Mediator nach einer bestimmten Zeit bei den Medianten nachfragt, ob und wie die vereinbarte Lösung umgesetzt wurde. Gegebenenfalls ist ein Nachtreffen erforderlich, um die Lösung zu überprüfen und ggf. zu korrigieren. Das Wissen um eine mögliche **Nachkontrolle** durch den Mediator kann hilfreich sein, um die in der Mediation gefundene Lösung (zunächst) zu akzeptieren.

Der Mediator sollte schließlich den Mediationsprozess für sich selbst **reflektieren** und im Wege der Beratung und Supervision Hilfe in Anspruch nehmen. Bei einer Co-Mediation ist eine gemeinsame **Nachbereitung** des Verfahrens sinnvoll. Zudem kann es sich anbieten, den Medianten einen Fragebogen zur Reflexion über das Verfahren zuzusenden. Der Mediator erhält dadurch ein Feedback von den Medianten.

> In der Umsetzungsphase sollen die Parteien zunächst gemeinsam nach der für sie besten Lösung suchen. Das Ergebnis kann dann auf verschiedene Arten verbindlich festgehalten werden. Das Ergebnis sollte im Nachhinein kontrolliert werden. Für den Mediator bietet es sich an, auf verschiedene Weisen über die Mediation zu reflektieren.

Für den Erfolg der Mediation sind bestimmte Kommunikationstechniken erforderlich. Aufgabe des Mediators ist es, die Kommunikation zwischen den Parteien zu verbessern. Diese lassen sich in Gesprächstechniken, Fragetechniken, verbale/nonverbale Kommunikation und Wortwahl untergliedern. Die einzelnen Techniken stehen dabei nicht beziehungslos nebeneinander, sondern können vermischt werden oder sich unmittelbar aneinander anschließen.

In diesem Abschnitt geht es darum, was ein Mediator mitbringen muss, um ein Mediationsverfahren durchführen zu können. Klarstellend sei darauf hingewiesen, dass der Mediator weitere Eigenschaften wie etwa ein gewisses Maß an **Selbstsicherheit und Ausstrahlung** mitbringen muss, die in der Ausbildung zum Mediator nicht ohne weiteres erworben werden können. Die Eignung als Mediator hängt daher nicht ohne allein von der Qualität seiner Ausbildung ab.

Allgemein lässt es sich sagen, dass die Parteien einen Anspruch auf einen ausgeschlafenen und aufnahmebereiten Mediator haben.

Es kann bei Mediatoren ganz unterschiedliche **Mediationsstile** geben. Die einzelnen Techniken werden unterschiedlich intensiv angewendet.

Beispiel: Mediator Axel hat in der Wirtschaftsmediation gute Erfahrungen mit Einzelgesprächen gemacht. Mediatorin Sarah „schwört" in der Familienmediation hingegen auf möglichst viele Zukunftsfragen. Mediatorin Jana versucht, durch möglichst wenige Interventionen, den Ball bei den Medianten zu belassen. Mediator Stephan wiederum neigt dazu, die Medianten durch provokante Thesen aus der Reserve zu locken.

Bei den Mediationsstilen gibt es fast kein richtig oder falsch. Jeder Mediator muss den für ihn passenden Stil finden.

Die Techniken, die ein Mediator beherrschen muss (etwa Gesprächs- und Fragetechniken), können nicht nur innerhalb von Mediationen angewendet werden. Beispielsweise können sog. Ich-Botschaften und Wunschfragen auch in alltäglichen

Verhandlungen verwendet werden. **Mediative Elemente** kommen außerdem in allen Formen der professionellen Konfliktlösung durch Richter, Berater, Vermittler und Schlichter vor. Auch andere Berufsgruppen wie Psychologen und Sozialarbeiter bedienen sich dieser Techniken zur Konfliktlösung. Das Erlernen der Techniken im Rahmen einer Mediationsausbildung kann daher in vielen Lebensbereichen (nicht zuletzt auch im eigenen privaten Bereich) einen großen Erkenntnisgewinn mit sich bringen.

A. Gesprächstechniken

Zu den Gesprächstechniken, derer sich der Mediator in unterschiedlichen Situationen bedienen kann, gehören vor allem:

I. Ich-Botschaften

Oft verwenden Menschen für Äußerungen, die eigentlich Gefühle oder Meinungen beinhalten, eine Art Stellvertreter. Sie berufen sich – meist unbewusst – auf Dritte. Sprachlich geschieht dies, indem die Äußerung allgemeingültig formuliert wird.

Beispiele: „Das tut m a n nicht so." „W i r machen das so." „M a n fragt doch erst mal." „In D e u t s c h l a n d steht man nur auf der linken Seite auf der Rolltreppe." „S u s i findet das falsch!" „Mein M a n n sagt immer, ..."

Aber auch Formulierungen ohne Inanspruchnahme dritter Instanzen können eine Allgemeingültigkeit beanspruchen.

Beispiel: „Das ist verletzend" oder „Das ist unverschämt".

Durch diese Art zu sprechen wird oft vermieden, persönlich eine Stellung zu beziehen. Die eigenen Gefühle, Schwächen und Vorstellungen müssen so nicht offenbart werden. Trotzdem kann der Bruch einer scheinbar allgemeingültigen Norm angeprangert werden. Die Allgemeinheit wird für eigene Werte und Vorstellungen herangezogen, ohne diese selbst zu vertreten. Gleichzeitig gibt dies vermeintlich der gebrochenen Norm mehr Gewicht.

Tatsächlich verbirgt sich hinter den Formulierungen meist ein Gefühl oder eine eigene Werte- bzw. Sittenvorstellung.

Beispiele:
- „Man kommt nicht zu spät!“ heißt „Es stört mich, dass zu du spät kommst.“
- „Das ist verletzend“ heißt „ „Ihre Äußerung hat mich verletzt.“
- „Solche Fragen stellt man nicht“ heißt „Ich möchte auf diese Frage nicht antworten.“

Neben dem Verdecken eigener Ambitionen führt die Allgemeingültigkeit beim Gegenüber oft zu Verletzungen und Aggressionen.

Daneben gibt es noch sog. **Du-Botschaften**:

Beispiele: „Du bist verletzend“, „du bist ein Lügner“, „Sie sind zu laut.“

In der Auseinandersetzung ist es ein Alltagsmuster, sich in der Du-Aussage oder unter Pauschalisierungen (wie z.B. „man“) zu streiten. Es ist ein Ausdruck der Abwehr und der Sorge, nicht verstanden zu werden. Solche Du-Botschaften sind verallgemeinernd und generalisierend. Dritte werden ungefragt mit in die Aussage einbezogen. Sie bewirken, dass sich die andere Partei auf diesen Vorwurf, den sie als persönlichen Angriff empfindet, entsprechend reagieren wird. Eine weitere offene Kommunikation ist dann oft nicht mehr möglich.

Beispiel: Arbeitgeber Hans zum Arbeitnehmer Robert: „Sie haben sich zum wiederholten Male nicht an die betrieblichen Abmachungen gehalten“.

Aufgabe des Mediators in der Mediation ist es daher, den Parteien solche Aussagen als Ich-Botschaften zu vermitteln. Hierzu werden die Konfliktbeteiligten angeleitet, von ihren eigenen Erfahrungen und Gefühlen zu sprechen und sich nicht hinter Du-Aussagen und Pauschalisierungen (wie z.B. „man“) zu verstecken. Die Konfliktparteien werden dazu ermutigt, klar zu benennen, um was es konkret geht und was für Gefühle es bei ihnen auslöst.

Im obigen Beispiel würde eine Ich-Botschaft lauten: „Ich bin darüber enttäuscht, dass Sie sich nicht an die betrieblichen Abmachungen gehalten haben“. Der Kern der Aussage ist zwar der gleiche, allerdings kommt eine Ich-Botschaft bei der anderen Partei anders an: Da eine persönliche Wahrnehmung geäußert wird, ist der persönliche Vorwurf viel schwächer, denn es fehlt an einem persönlichen Angriff.

Die ich Botschaft soll möglichst viele relevante Informationen beinhalten.

Beispiele für Ich-Botschaften:

- **Ich bin bedrückt (Nennen eines Gefühls)**
- **Da ich keine Information habe (Nennen des Auslösers)**
- **Weil ich mich dann nicht auf die Situation einstellen kann (Begründung)**
- **Ich wünsche mir, dass du an mich denkst (Erwartung)**

II. Aktives Zuhören

Unter aktivem Zuhören versteht man, dass aktiv an dem Gespräch teilgenommen wird. Technisch geschieht dies dadurch, dass das Gesagte in eigenen Worten sinngemäß wiedergeben wird. Der Mediator kann dabei gleichzeitig verborgene Botschaften (zwischen den Zeilen) in dem Gesagten mit hervorbringen. Ziel dieser Technik ist es, dem Medianten zu verdeutlichen, in seinen Worten und mit seinen Vorstellungen verstanden und ernst genommen worden zu sein. Dabei wird inhaltlich nicht unbedingt geteilt, was der Mediant sagt.

Unterstützt werden kann diese Technik durch eine **interessierte Körperhaltung** des Mediators, also vor allem durch entsprechende Gesten wie (gelegentliches) Kopfnicken und Augenkontakt. Dabei darf der Mediator allerdings nur Verständnis, nicht allerdings Einverständnis mit den Äußerungen des Medianten zeigen.

Beispiel: Mediant: „Herr Meyer hat mir das Geld nicht zurückgebracht, obwohl wir es so vereinbart hatten."

Mediator: „Sie sind darüber enttäuscht, dass Ihnen Herr Meyer das Geld trotz Vereinbarung nicht zurückgegeben hat."

III. Looping

Diese Gesprächstechnik ähnelt der des aktiven Zuhörens. Auch hier gibt der Mediator das vom Medianten Geäußerte in eigenen Worten wieder. Anders als beim aktiven Zuhören fragt der Mediator jedoch nach, ob das von ihm sinngemäß Wiederholte so stimmt. Er fragt also nach einer **Bestätigung bzw. einer**

eventuellen Berichtigung seiner Äußerungen und spielt den Ball damit wieder an den Medianten zurück.

Beispiel: Im obigen Beispiel könnte sich die Frage des Mediators anschließen: „Habe ich Sie da richtig verstanden?“

IV. Paraphrasieren

Diese Technik ähnelt den zuvor genannten, da der Mediator auch hierbei das vom Mediant Gesagte in eigenen Worten wiedergibt. Stärker als bei den anderen Techniken kommt es beim Paraphrasieren aber darauf an, dass der Mediator das Gesagte ordnend zusammenfasst und strukturiert und dabei insbesondere die hinter den Botschaften stehenden Wünsche und Bedürfnisse hervorhebt. Durch die Zusammenfassung kann die eine Seite die Haltung der anderen Seite besser verstehen. Das Hervorheben der Wünsche und Bedürfnisse verdeutlicht dem Medianten einmal mehr, verstanden worden zu sein.

Beispiel: Mediant (Arbeitgeber): „Frau Schmidt kommt in den letzten Wochen fast jeden Tag zu spät zur Arbeit und telefoniert dann erstmal mit ihrer Freundin. Keine Ahnung, was das soll. In unserem Betrieb hat man sich an Arbeitszeiten zu halten. Aber das scheint offenbar nicht für Frau Schmidt zu gelten: Auch aus der Mittagspause kommt sie regelmäßig mit längerer Verspätung. Ihre Arbeit schafft sie dann natürlich nicht mehr. Das kann ich nicht länger dulden! Entweder sie reißt sich zusammen oder sie fliegt.“

Mediator: „Wenn ich Sie richtig verstehe, sind sie enttäuscht darüber, dass Frau Schmidt in letzter Zeit die Arbeitszeiten nicht einhält, abgelenkt ist und ihre Arbeit nicht schafft. Außerdem verstehe ich Sie so, dass Sie diese Arbeitshaltung von Frau Schmidt nicht länger akzeptieren wollen, wenn sie ihr Verhalten nicht ändert“.

Anschließen kann sich dann die Frage: „Ist das so richtig?“

V. Spiegeln

Anders als bei den vorgenannten Gesprächstechniken ist es beim Spiegeln Aufgabe des Mediators, die Äußerungen der Parteien **möglichst wortgleich** wiederzugeben. Diese Technik bietet sich vor allem nach den Eingangsstatements der Medianten an, aber auch, wenn eine Partei ein Wort oder einen Satz immer wieder verwendet. Ähnlich einem Papagei, der alles „nachplappert", bemüht sich der Mediator, das Geäußerte möglichst wortgetreu wiederzugeben.

Auf den ersten Blick wirkt es merkwürdig, wenn der Mediator das Erzählte wortgleich wiedergibt. Für den Medianten bedeutet das Spiegeln hingegen ein hohes Maß an Empathie, da sich der Mediant durch das inhaltsgleiche Wiedergeben von Aussagen tiefgreifend verstanden fühlt: „Endlich gibt es jemanden, der mich versteht", wird er nicht selten denken und die Worte des Mediators mit Kopfnicken bekräftigen bzw. diesem ins Wort fallen, wenn eine Aussage unrichtig wiedergegeben wurde.

Die Menge des Spiegelns ist dennoch von der Situation abhängig. Es ist wichtig, ein Gefühl dafür zu bekommen. Durch falsches Wiederholen kann auch das Gegenteil verursacht werden. Die Person kann sich nicht verstanden oder gar verletzt fühlen, weil sie das Gefühl hat, sich nicht genug ausdrücken zu können. Dann kommt vielleicht ein „das habe ich doch gerade gesagt!"

VI. Umformulieren

Vor allem beim Spiegeln ist eines beachten: Gerade während eines Eröffnungsstatements sind die Äußerungen eines Medianten oft von persönlichen Vorwürfen gegenüber der anderen Partei geprägt.

Beispiel: „Der Herr knauserige Müller, der hat mich eiskalt fallengelassen, als ich ihn um die Gehaltserhöhung gebeten habe. Dabei bin ich doch schon so lange in der Firma und habe immer gute Arbeit geleistet. Eine Gehaltserhöhung habe ich aber noch nie bekommen. Der ist so geizig, der sitzt geradezu auf seinem Geldberg."

Würde der Mediator eine solche, von persönlichen Vorwürfen bestimmte Äußerung wortgleich wiederholen, würde die andere Partei die Vorwürfe nicht nur aus dem Mund der Partei, sondern auch aus dem des Mediators hören. Der Mediator wäre damit nicht mehr allparteilich.

Daher ist es Aufgabe des Mediators, derartige **Äußerungen zu „filtern“**, so dass die Äußerung an persönlicher Schärfe verliert. Er muss sich daher der Technik des Umformulierens bedienen. So könnte er obiges Beispiel etwa umformulieren: „Sie sind darüber enttäuscht, dass ihr Chef Herr Meyer ihnen eine Gehaltserhöhung verwehrt hat, obwohl Sie schon lange in der Firma sind und immer gut gearbeitet haben, jedoch noch nie eine Gehaltserhöhung bekommen haben. Sie sind gerade aus dem Grunde enttäuscht, weil es Herrn Meyer finanziell gut geht.“

VII. Zusammenfassen und strukturieren

Eine wichtige Aufgabe des Mediators ist es, das Verfahren zu ordnen. Hierzu muss er das bisherige Verfahren an bestimmten Punkten zusammenfassen. So bietet es sich an, nach längeren Gesprächspassagen, zumindest aber zum Ende einer Phase, die Äußerungen jeder Partei zusammenfassend wiederzugeben. Der Mediator trennt dadurch Wichtiges von Unwichtigem. Hierdurch erleichtert der Mediator den Medianten, den Überblick zu behalten, indem er den roten Faden des Gesprächs aufzeigt. Die Medianten können sich Klarheit über ihre eigenen Gedanken und Gefühle verschaffen.

Auch kann der Mediator das Verfahren strukturieren, indem er die Medianten in regelmäßigen Abständen fragt, ob alle relevanten Gesichtspunkte gesammelt wurden und ob daher zu einem anderen Punkt übergegangen werden kann. Ferner kann der Mediator strukturieren, indem er bestimmte Punkte, die den Medianten am Herz liegen, ordnet und darauf hinweist, dass sie der Reihe nach abgearbeitet werden.

VIII. Normalisieren

Die Parteien gehen in einem Mediationsverfahren oft hochemotional vor. Nachdem sie im Eröffnungsstatement Druck abgelassen und sich gegenseitig Vorwürfe gemacht haben, scheint es manchmal so, dass sich die Medianten beginnen anzunähern, indem sie gegenseitige Konzessionen machen. Bei einem falschen Wort kochen die Emotionen unter Umständen wieder hoch. Ein sicher geglaubter Konsens bricht plötzlich weg und von einer Sekunde auf die andere steht alles auf der Kippe.

Der Mediator kann dann versuchen, die **Situation wieder zu entspannen**, indem er die Lage normalisiert, z.B. indem er Erfolge benennt: „Wir sind schon einen großen Schritt weitergekommen. Dass die Situation im Moment für Sie beide nicht zufriedenstellend ist und Sie kurz davor sind, die Verhandlung abzubrechen, ist nicht ungewöhnlich. Es kommt oft vor, dass nach mehreren Zugeständnissen plötzlich der Eindruck entsteht, als ginge es nicht weiter. Die Erfahrung zeigt aber, dass es dann auf einmal doch weiter geht. Daher schlage ich vor, Sie überlegen nun, ob es noch einen ganz anderen Weg gibt."

IX. Bewusstes Schweigen

In ganz bestimmten Situationen kann es für den Mediator auch sinnvoll sein, einfach bewusst zu schweigen. Mit dieser Technik soll dem vorher Gesagten eine **besondere Bedeutung zukommen**, indem den Parteien Zeit gegeben wird, darüber nachzudenken. So etwa, wenn eine Partei sich ausdrücklich bei der anderen Partei entschuldigt hat oder die Partei etwas sagt, was dem bisherigen Verfahren eine grundsätzliche Wendung geben könnte. Der Mediator könnte dann nach einigen Sekunden des bewussten Schweigens danach fragen, was die andere Seite darüber denkt.

B. Fragetechniken

Zu den wichtigsten Fragetechniken gehören:

I. Offene Fragen

Ist ein Mediant sehr verschlossen und zögert er, sich zu offenbaren, kann der Mediator sog. offene Fragen stellen. Das sind Fragen, die der Mediant nicht einfach mit ja oder nein beantworten kann. Vielmehr muss er weitere Ausführungen machen.

Beispiel: „Was halten Sie davon? Was müsste Ihrer Meinung nach als nächstes geschehen? Worum geht es Ihnen dabei?"

II. Geschlossene Fragen

Ist der Mediant hingegen extrovertiert und redet sehr viel, kann der Mediator das Verfahren lenken, indem er sog. geschlossene Fragen stellt. Das sind Fragen, auf die der Mediant nur mit „ja" oder „nein" antworten kann.

Beispiele: „Haben Sie noch etwas zu ergänzen? Habe ich etwas vergessen? Stimmen Sie dem zu?"

Der Mediator erreicht durch offene Fragen, dass sich ein Gesprächsfluss entwickelt und der Gegenüber einen gewissen Spielraum für seine Antwort erhält. Das ist bei der Mediation von Vorteil. Schließlich geht es vorrangig darum, Informationen zwischen den Parteien in Umlauf zu bringen. Dies ist eigentlich nur durch offene Fragen möglich. Deshalb sollte der Mediator vorrangig offene Fragen stellen und nur dann, wenn das Verfahren durch ausschweifende Erzählungen einer Partei ins Stocken gerät, auch geschlossene Fragen stellen. Die Gefahr bei geschlossenen Fragen ist, dass mögliche konstruktive Gedanken bei den Medianten unterdrückt werden.

III. Zukunftsfragen

Die Medianten sind oft mit ihren Gedanken sehr in der Vergangenheit verhaftet. Gerade in der Phase, in der eine Lösung für den Konflikt gefunden werden soll, hemmt dies den Blick auf Lösungen. In der Regel ist eine Lösung sogar nur sehr schwer zu finden, wenn sich die Parteien nicht von der rückwärtsgewandten Denkweise befreien. Der Mediator kann sich daher der sog. Zukunftsfragen bedienen. Diese Fragen sind auf die Zukunft gerichtet und der Mediant soll sich äußern, wie er sich die Zukunft vorstellt.

Beispiel: „Angenommen, es ist ein Jahr seit dem Konflikt vergangen: Wie würden Sie die Situation dann betrachten? Was bräuchten Sie in der Zukunft, damit sich ein solcher Konflikt nicht wiederholt? Was glauben Sie, wäre erforderlich, um zukünftig ohne weitere Konflikte mit Frau Schmidt zusammenarbeiten zu können?"

IV. Wunschfragen

Verwendet wird diese Fragetechnik gern in der Ideenphase. Wichtig ist wie bei allen Fragetechniken, dass die Fragen möglichst **im Konjunktiv** gestellt werden. Hierdurch wird den Medianten die Möglichkeit gegeben, sich nicht festzulegen zu müssen, da für sie alles unverbindlich ist. Durch die fehlende Verbindlichkeit wiederum können die Medianten dazu angeregt werden, weitere unverbindliche Gedanken zu äußern.

Beispiel: „Was würden Sie sich von der anderen Partei jetzt wünschen? Wie würden sie sich eine zukünftige Zusammenarbeit mit Herrn Mayer wünschen?"

V. Nachfragen und Informationsfragen

Um den Dialog zwischen den Parteien zu stärken, ist es wichtig, den Informationsaustausch zwischen den Parteien zu fördern. Oft kommt es vor, dass eine Partei zunächst nur Andeutungen macht, aber bewusst oder unbewusst vage bleibt. Hier kann der Mediator den **Informationsaustausch** dadurch **erhöhen**, dass er bei Andeutungen gezielt nachfragt, was damit gemeint ist. Häufig werden so Informationen offenbart, die ansonsten im Verborgenen geblieben wären. Gerade diese Informationen sind oft Schlüssel für ein erfolgreiches Verfahren.

Beispiel: „Sie haben eben gesagt, Sie hätten schon in der Vergangenheit mit Abfindungsvereinbarungen schlechte Erfahrungen gemacht. Können Sie uns erläutern, was genau Sie damit meinen?" oder „Können Sie mir ein Beispiel dafür geben?"

Um Interessen, Ansichten und Fakten, die bislang nicht zur Sprache gekommen sind, zu sammeln kann der Mediator grundsätzlich nachfragen. Scheinbar zunächst banale Informationen können für eine spätere Lösung nämlich noch wichtig sein.

Beispiel: „Seit wann stört es Sie denn genau, dass Herr Klose abends über Ihr Grundstück geht, um seinen Hund auszuführen?“

Gerade am Anfang, wenn das Gespräch über den Mediator läuft, kann dieser sich bewusst „dumm stellen“, wenn er das Gefühl hat, eine Partei hat noch nicht alles verstanden oder wenn wichtige Informationen einfach fehlen.

Beispiel: „Ich habe das noch nicht ganz verstanden, ...“

Parteien sind auf Grundlage der geschaffenen Vertrauensbasis gegenüber dem Mediator regelmäßig eher bereit, Beweggründe zu erläutern oder delikate Informationen preis zu geben, als dies gegenüber sonstigen Dritten der Fall wäre.

VI. Rollentauschfragen

Bei dieser Fragetechnik wird die jeweilige Partei gefragt, wie sie sich verhalten würde, wenn sie sich in der Situation befinden würde, in der sich die andere Partei gerade befindet. Eine solche Frage bewirkt einen **Perspektivwechsel** und soll dem **gegenseitigen Verständnis** dienen, da sie die Beweggründe der anderen Seite plausibel machen können. Dies ist erforderlich, um eine gegenseitige Anerkennung als Voraussetzung für eine konstruktive Ideensammlung zu erreichen.

Derartige Rollentauschfragen sind für die Parteien eine ungewohnte Sache. Erst wenn der Mediant sicher sein kann, dass er mit seinem Anliegen verstanden wurde, wird er bereit sein, sich auf einen Rollentausch einzulassen.

Zu früh gefragt, kommt leicht ein: „Warum soll ich mich in die Rolle des X begeben?“

Beispiel für eine Rollenfrage: „Angenommen, Sie wären ein 53-jähriger Mitarbeiter, der seit langer Zeit in einem Unternehmen ist. Wie würden Sie sich verhalten, wenn Sie erstmalig eine Gehaltserhöhung verlangen würden, diese Ihnen aber verwehrt werden würde?“

VII. Drittfragen

Ähnlich wie bei Rollentauschfragen sollen Drittfragen den Medianten den Blick dafür öffnen, wie andere den Konflikt sehen. Dazu werden die Medianten in Frageform darum gebeten, sich vorzustellen, wie ein Dritter einzelne Aspekte des Konflikts betrachten würde.

Beispiel: „Was glauben Sie, wenn jetzt ein Dritter diese Situation betrachten würde: Was würde dieser wohl dazu sagen?"

„Stellen Sie sich vor, jemand würde jetzt mit dem Flugzeug über uns hinweg fliegen. Was würde diese Person jetzt wohl über den Konflikt denken?"

Solche Fragen sind gut geeignet, um den Parteien die - nur oft für sie nicht offensichtliche - Absurdität ihres Konflikts vor Augen zu führen.

VIII. Überraschungsfragen

Gerade in völlig festgefahrenen Situationen, in denen die Medianten nicht mehr weiterkommen und den Eindruck haben, zu keiner Lösung mehr zu kommen, kann es hilfreich sein, sie aus der Reserve zu locken, indem der Mediator überraschende Fragen stellt. Diese sollen dazu dienen, eine **mögliche Blockade zu lockern**.

Beispiele: „Macht Ihnen an der jetzigen Situation auch etwas Spaß?"

„Finden Sie es eigentlich gut, dass die Situation so eskaliert ist?"

IX. Skalafragen

Im Rahmen der Bewertung von Lösungsmöglichkeiten bietet es sich an, die Medianten danach zu fragen, wie tragfähig sie eine Lösungsmöglichkeit finden. Hierbei kann es helfen, die Medianten zu befragen, in welchem Bereich sie die Lösungsmöglichkeit auf einer fiktiven Skala einordnen würden. Hierdurch wird für die andere Partei deutlich, wie der Mediant zu einem Vorschlag steht und die Parteien können sich einer Lösung annähern oder die Möglichkeit verwerfen.

Beispiel: „Auf einer Skala von 0 (= nicht durchführbar) bis 10 (= optimales Ergebnis): Wo würden Sie die Lösungsmöglichkeit einordnen?"

Mit verschiedenen Fragetechniken, die der Mediator erlernen muss, kann er die Parteien dazu motivieren, ihre Bedürfnisse und Gefühle zu äußern und so eigenständige, kreative Lösungsfindungen zu erreichen.

C. Verbale und Nonverbale Kommunikation

Eine große Bedeutung haben in der Mediation die verbale und die nonverbale Kommunikation.

I. Verbale Kommunikation

Durch die verbale Kommunikation werden unmittelbar Worte geäußert. Wer jetzt aber denkt, mit dem gesprochenen Wort stünde die Aussage fest, der irrt. Jede Aussage weist nämlich nach *Friedemann Schulz von Thun* (Miteinander Reden, Band 1-3, 1. Aufl., 1981) **vier Botschaften** auf, die in verschiedene Ebenen unterteilt werden können: die Sachinhalts-, die Selbstoffenbarungs-, die Beziehungs- und die Appellebene.

Beispiel: Gaby sagt zu Klaus: „Du bringst nie den Müll runter."

1. **Sachinhaltsebene:** Feststellung, dass der Angesprochene den Müll nie runter bringt.
2. **Selbstoffenbarungsebene:** Ich bin gerade sauer auf dich.
3. **Beziehungsebene:** Du hilfst mir nicht im Haushalt.
4. **Appellebene:** Bring in Zukunft den Müll runter.

Die Parteien nehmen oft nur eine Ebene der Botschaft wahr und verstehen sie daher als persönlichen Angriff. Da die Wahrnehmung eingeschränkt ist, also im Regelfall nur Ohren für eine bestimmte Ebene offen stehen werden, wird auch von **Sachinhaltsohr, Selbstoffenbarungsohr, Beziehungsohr und Appellohr** gesprochen.

Aufgabe des Mediators ist es, die hinter jeder Aussage stehenden Botschaften vollständig wahrzunehmen und einzuordnen, damit er die Parteien bei der Lösung des Konflikts unterstützen kann. Insbesondere kann er die Parteien dabei unterstützen, auch die anderen Ebenen wahrzunehmen.

II. Nonverbale Kommunikation

Neben der verbalen Kommunikation schwingt in jeder Äußerung, die ein Mediant in dem Verfahren macht, immer auch ein Stück weit eine nonverbale Kommunikation mit, die insbesondere durch die Körpersprache des Sprechenden zum Ausdruck kommt.

Die nonverbale Kommunikation bestimmt immer auch die Bedeutung der Aussage. Je nach der Art der nonverbalen Kommunikation kann der Sachinhalt ein völlig anderer sein.

Beispiel: Der Paul kommt in einen Raum; die anwesende Monika begrüßt ihn mit den Worten „du siehst aber heute gut aus". Je nach Tonlage und Mimik kann dies eine ernst gemeinte Aussage (ein Kompliment) oder aber nur eine ironische Bemerkung der Monika sein, da Paul unausgeschlafen aussieht und schlecht angezogen ist.

Aufgabe des Mediators ist es, die nonverbale Kommunikation bewusst wahrzunehmen und sie richtig zu deuten. Dies dient dazu, eine Äußerung richtig einzuordnen und entsprechend darauf einzugehen. Achten muss der Mediator vor allem auf die Stimmlage und die Gesichtsmimik einer Person, also darauf, ob die Person lächelt etc. Dabei spielt vor allem auch die Augenpartie („Fenster zur Seele") eine wichtige Rolle. Ferner kommt es auf die Körperhaltung und die Gestik an, also darauf, wie eine Person Arme, Hände und Beine bewegt.

Zur Wahrnehmung der eigenen nonverbalen Kommunikation und der anderer Personen werden in einer Reihe von Mediationsausbildungen die Parteien während des Verfahrens **gefilmt**. Im Anschluss daran wird das Auftreten gemeinsam besprochen. Das Filmen sollte allerdings nur im allgemeinen **Einverständnis** geschehen.

Bei der Deutung der nonverbalen Kommunikation besteht für Mediator und Parteien ein hohes Risiko, etwas falsch aufzufassen.

Überkreuzte Arme können auf Abwehr aber unter Umständen auch auf äußere Einflüsse wie Frösteln oder Entspannung hinweisen. Deshalb sollte der Mediator stets vorsichtig nachfragen.

D. Visualisierung

Wesentliche Erkenntnisse des bisherigen Verfahrensverlaufs für die Parteien werden visualisiert. Hierfür bieten sich insbesondere ein **Flipchart** und eine **Pinnwand** an. Auch ein **Overhead-Projektor** kann hilfreich sein.

Die Visualisierung dient bei der Mediation nicht nur dazu, dass Wichtiges nicht in Vergessenheit gerät, sondern gerade auch dazu, dass die Parteien ihre Ansichten auf einem Blatt Papier aufgeschrieben sehen. Sie fühlen sich dadurch mit ihren Bedürfnissen und Interessen ernst genommen und gewinnen dadurch zugleich Vertrauen in eine Konfliktlösung im Wege der Mediation.

Der Mediator sollte vor Beginn des Verfahrens sicherstellen, dass genügend Möglichkeiten zur Visualisierung bestehen. Es wäre ärgerlich, wenn das Fehlen von beispielsweise einem Flipchart erst mitten im Verfahren festgestellt werden würde. Dies würde alle Beteiligten im wahrsten Sinne des Wortes „aus dem Konzept“ bringen. Der Mediator soll die Parteien ja gerade darin unterstützen, sich allein auf ihren Konflikt zu konzentrieren.

E. Lernen Im Rollenspiel

Ähnlich wie andere Prozesse, die sich mit innerseelischen Abläufen befassen, sind die Mediation und der Ihr zugrunde liegende Prozess dann besonders gut zu verstehen, wenn er am eigenen Leib erfahren wird. Deshalb wird den Mediatoren schon in ihrer Ausbildung geraten, unbedingt eine eigene, echte Mediation als Mediant mitzumachen.

Aus dem gleichen Grund ist das Rollenspiel fester Bestandteil vieler Ausbildungen. Dabei werden fingierte Konflikte von den Ausbildungskandidaten als Mediationsverfahren nachgespielt. Hierin übernehmen die Ausbildungskandidaten sowohl die Rollen der Konfliktparteien als auch die der Mediatoren. Die Übernahme der Rolle einer solchen Partei sollte nicht unterschätzt werden.

Äußerungen der anderen Partei, Herabwürdigungen, Beleidigendes und Kränkendes treffen trotz Spiel den Mitspieler. Es muss darauf geachtet werden, dass vor allem nach dem Spiel die Rollen nicht beibehalten werden.

Beispiel: Spielt der Thomas den Oberstudienrat Oberschlau, ist in der auf das Rollenspiel folgenden Besprechung darauf zu achten, dass Sätze wie: „Der Thomas war ja nicht ..." nicht fallen. In der Formulierung muss vielmehr klargestellt werden, dass Thomas in seiner Rolle gehandelt hat. Also: „Der Oberschlau war nicht..."

Folgende **Regelungen** für ein Rollenspiel sind sinnvoll:
- Im Rollenspiel sollte es einen neutralen Beobachter geben, der zur Not auch ein Spiel abbrechen, zumindest aber unterbrechen kann.
- Nach dem Rollenspiel die Rolle „abstreifen" oder „abschütteln"
- Nach dem Spiel wird das Geschehen besprochen.

4. Teil: Ursprung, Recht, Ausbildung usw.

In dem nun folgenden Teil geht es um verschiedene Aspekte der Mediation, die zum näheren Verständnis notwendig sind.

A. Ursprung und Entwicklung der Mediation

Seit etwa den Siebziger Jahren des vorigen Jahrhunderts wird die Mediation als verbreitete Konfliktlösungsalternative in den USA praktiziert. Hintergrund der Entstehung der Mediation in den USA ist die sog. „litigation crisis". Vermehrt wurde das staatliche Gerichtswesen kritisiert, da Verfahren sehr lange dauerten und hieraus nur wieder neue Konflikte entstanden. Daher war man auf der Suche nach alternativen Streitbeilegungsmöglichkeiten.

Die Mediation ist in den USA als Bestandteil der **Alternative Dispute Resolution** (ADR) entstanden. Die ADR ist eine Sammelbezeichnung von verschieden Verfahren, die gemeinsam haben, dass zur Streitbeilegung auf die Entscheidung von Richtern oder Schiedsrichtern verzichtet wird.

Schon zuvor hatte sich die Mediation im völkerrechtlichen Bereich entwickelt, wo schon früh zwischen verfeindeten Parteien durch neutrale Dritte ohne eigene Entscheidungsbefugnis vermittelt wurde. Wenn man so will, ist die Mediation daher keine „Erfindung" der Neuzeit, sondern wird seit langer Zeit von Menschen durchgeführt. Auch in der Bibel finden sich bereits Hinweise darauf, dass Konflikte mit Hilfe eines neutralen Dritten selbst gelöst werden sollen.

Seit den Neunziger Jahren wird die Mediation auch in Deutschland vermehrt praktiziert. Allerdings hat sie hierzulande noch keine so große Bedeutung wie etwa in Großbritannien, Australien oder den USA. Dort ist sie fester Bestandteil des Prozessrechts. Für viele Gerichtsverfahren ist vorgeschrieben, dass die streitenden Parteien zunächst ein Mediationsverfahren durchführen müssen, bevor der Weg zu den staatlichen Gerichten zulässig ist.

Auch in Deutschland nimmt das Interesse an der Mediation zu. In vielen Gerichtszweigen in nahezu allen Bundesländern wurden seit 2002 **Modellprojekte gerichtsinterner Mediationen** etabliert (z. B. das Modellprojekt „Gerichtsnahe Mediation in Niedersachsen", in Berlin das Pilotprojekt „Gerichtsmediation bei der Berliner Verwaltungsgerichtsbarkeit" oder in Nordrhein-Westfalen das Projekt „Modellregion Ostwestfalen-Lippe"). Geeignete Fälle sollen dann möglichst nicht streitig durch ein Urteil entschieden, sondern konsensual durch eine Mediationsvereinbarung beigelegt werden.

Als Mediatoren sind entsprechend ausgebildete Richter tätig, die bei Scheitern der Mediation allerdings nicht über den Fall entscheiden würden. Die Gerichte haben hierfür teilweise neue Ressourcen geschaffen. Außerdem wurden spezielle Mediationsräume eingerichtet, die sich schon von der Tischaufstellung deutlich von einem Gerichtssaal unterscheiden.

Im Vordergrund steht dabei natürlich eine **Entlastungswirkung** der Justiz: statt mehrerer Gerichtsverhandlungen kann und soll der Konflikt in vielleicht nur einer Mediationssitzung beigelegt werden.

Obwohl ein Großteil der Modellprojekte mittlerweile abgeschlossen ist, bieten zahlreiche Gerichte den Parteien weiterhin Mediationsverfahren an. Derzeit wird in der Mediationslandschaft hitzig darüber diskutiert, ob die gerichtsinterne Mediation durch

Gerichte, letztlich in Wettbewerb zu außergerichtlichen Mediatoren (die gerichtsinterne Mediation ist sogar kostenfrei!), auf Dauer angeboten werden soll und – nicht zuletzt aus verfassungsrechtlichen Gründen – werden darf.

Die außergerichtliche Mediation übersteigt im Ausmaß wohl die gerichtsinterne Mediation. Sie ist in vielen Bereichen eine anerkannte Möglichkeit geworden, Konflikte zu lösen, die zuvor nicht oder nur gerichtlich gelöst worden wären. Den Konfliktparteien steht hierbei die Möglichkeit offen, ihren Streit „schon in einem Stadium beizulegen, in dem noch kein Gericht mit der Sache befasst ist.

Die gerichtliche wie außergerichtliche Mediation hat sich zu einer echten Alternative zur herkömmlichen Konfliktlösung durch Gerichte entwickelt.

Exkurs: Mediation in der ZPO

Die Mediation ist in der ZPO keiner ausdrücklichen Regelung zugeführt. Allerdings gibt es **„Einfallstore“** für die Mediation:

§ 278 Abs. 5 S. 2 ZPO: Das Gericht, das nach § 278 Abs. 1 ZPO ohnehin in jeder Lage des Verfahrens auf eine gütliche Beilegung des Rechtsstreits oder einzelner Streitpunkte bedacht sein soll, kann in geeigneten Fällen den Parteien eine außergerichtliche Streitschlichtung vorschlagen. Das Gericht kann die Parteien hier auch an außergerichtliche Mediatoren verweisen.

§ 15 a EGZPO: Hiernach kann durch Landesgesetz bestimmt werden, dass die Erhebung der Klage erst zulässig ist, nachdem von einer durch die Landesjustizverwaltung eingerichteten oder anerkannten Gütestelle versucht worden ist, die Streitigkeit einvernehmlich beizulegen. Im Wesentlichen geht es hierbei um Nachbarschafts- und Ehestreitigkeiten sowie um Klagen mit einem Streitwert bis zu 750 €. Einige Bundesländer haben von dieser Ermächtigung Gebrauch gemacht. Zwar ist die Mediation hier nicht ausdrücklich genannt, allerdings entspricht es herrschender Auffassung, dass gerade die Mediation gemeint ist.

Die Mediation selbst und die Ausbildung zum Mediator sind derzeit gesetzlich nicht geregelt. Anders als etwa in Österreich gibt es hierzulande (noch) **kein „Mediationsgesetz“**. Auch auf Ebene der Europäischen Union kann vorerst nicht mit solchen Initiativen gerechnet werden. Die Europäische Kommission hat bislang lediglich ein Grünbuch über außergerichtliche Streitbeilegung im Zivil- und Handelsrecht veröffentlicht und im Jahr 2004 Vorschläge zur Förderung der Anwendung der Mediation im Bürgerlichen Recht der Einzelstaaten erarbeitet. Am 09. November 2007 verständigten sich die EU-Innen- und Justizminister allerdings auf eine EU-Richtlinie Mediation in Zivil- und Handelssachen für grenzüberschreitende Streitigkeiten. Die weitere Entwicklung bleibt insofern abzuwarten.

Der erste **Gesetzesentwurf** für ein landesrechtliches **Mediationsgesetz in Niedersachsen** ist im April 2007 vorgestellt worden. Das Gesetz soll 2008 in Kraft treten. Man darf gespannt sein, welche Auswirkungen es auf die deutsche Mediationslandschaft haben wird.

In dem Entwurf ist unter anderem vorgesehen, aufgrund einer im Einzelnen festgelegten Ausbildung den Titel **„staatlich anerkannter Mediator“** erwerben zu können. Diese Bezeichnung verschafft solchen Mediatoren natürlichen einen Wettbewerbsvorteil gegenüber anderen Mediatoren.

Bedenklich ist an einem Mediationsgesetz, dass sich die Mediation gerade ein Stück weit vom Recht „lösen“ will. Durch eine Verrechtlichung der Mediation wird diese vom Rechtssystem wieder eingeholt. Dies ist nicht nur eine prinzipielle Frage. Das dynamische Mediationsverfahren – in dem grundsätzlich alles offen und möglich sein soll – kann durch eine gesetzliche Strukturierung nur verlieren. Zudem erfolgt gerade die gerichtliche Mediation unter dem Gesichtspunkt des Bürokratieabbaues. In dem niedersächsischen Mediationsgesetz ist aber der Aufbau eines Verwaltungsapparates (z. B. für die Anerkennung der Ausbildung) vorgesehen. Dem Bürokratieaufbau wird dadurch Vorschub geleistet.

Auf dem 67. Deutschen Juristentag 2008 in Erfurt soll über die Notwendigkeit gesetzlicher Regelungen für die Mediation in einer eigenen Abteilung diskutiert werden.

B. Vorteile der Mediation gegenüber Gerichtsverfahren

Die Mediation hat gegenüber herkömmlichen Gerichtsverfahren mehrere Vorteile:

- Die Mediation ist **vertraulich**. Die Mediationssitzungen finden – anders als die meisten Gerichtsprozesse – nichtöffentlich statt. Nichts von dem in einer Mediationssitzung Gesagten dringt daher nach außen. Die Parteien und der Mediator verpflichten sich zur Verschwiegenheit. Der Erfolg einer Mediation hängt nicht selten gerade davon ab, dass die Parteien offen miteinander kommunizieren können, ohne befürchten zu müssen, dass das Gesagte in einem späteren Prozess gegen sie verwendet wird.

Neben der Vertraulichkeit gibt es das **Gebot der Offenheit**. Den Parteien muss vor Augen geführt werden, dass es für das Verfahren erforderlich ist, dass sie die hierfür erforderlichen Tatsachen auf den Tisch legen müssen. Ein Mediationsergebnis ist nicht tragfähig, wenn im Nachhinein von einer Partei Unterlagen vorgelegt werden, die für die andere Partei überraschend sind. In solchen Fällen kann, sogar der Straftatbestand des Betruges (§ 263 StGB) erfüllt sein.

- Die Mediation bringt einen großen **Zeitvorteil** mit sich: Anders als bei Gerichtsprozessen, die oft viele Jahre in Anspruch nehmen können und wertvolle Zeit kosten, dauert eine Mediation auf dem Gebiet des Wirtschaftsrechts im Schnitt einen Tag.

- Damit verbunden ist für die Parteien bei der Durchführung einer Mediation eine große **Kostenersparnis**. Die Gerichtskosten können sich die Parteien ebenso sparen wie Kosten für teure Gutachten.

Insbesondere unter Juristen gibt es derzeit noch viele **Vorbehalte und Vorurteile** gegenüber der Mediation. Teilweise wird die Mediation für ein kurzzeitiges Modethema gehalten, andere kritisieren die höheren Kosten für die Parteien, wenn nach Scheitern der Mediation doch noch ein gerichtliches Verfahren durchzuführen ist. Manche befürchten ein Ausforschen der anderen Partei für einen späteren Prozess. Zudem können sich manche nicht vorstellen, dass Streitigkeiten, bei denen es um hohe Millionenbeträge geht, in einer Mediation gelöst werden können.

Es würde den Rahmen sprengen, auf diese Kritikpunkte im Einzelnen einzugehen. Es sei nur darauf hingewiesen, dass die Mediation auch für einen Anwalt, der seinen Mandanten rechtsberatend in die Mediation begleitet, Vorteile bringt. Der Mandant, dem durch seinen Anwalt die Durchführung einer erfolgreichen Mediation geraten wurde, wird seinem Anwalt regelmäßig vertrauen. Bei komplizierten Rechtslagen oder Sachverhalten ist dies für Anwalt und Mandant oft der sicherste Weg, keine Niederlage zu erleiden.

Nicht selten reagieren Rechtspraktiker auf das Stichwort Mediation mit der Aussage „das mache ich doch auch jeden Tag!“. Daran ist sicher richtig, dass der erfahrene Anwalt vor Gericht und außergerichtlich mit der Gegenseite über eine Lösung für seinen Mandanten verhandelt. Was der Praktiker aber im Regelfall nicht macht ist, die Bedürfnisse und Interessen beider Parteien tiefgreifend zu untersuchen und auf dieser Grundlage dem Mandanten lediglich als Rechtsberater zur Seite zu stehen. Im Regelfall geht es auch hier um eine juristische Lösung des Problems, bei dem die Bedürfnisse und Interessen des Einzelnen auf der Strecke bleiben.

Wollen Anwälte ihre Mandanten interessengerecht beraten, sollten sie zur Lösung des Konflikts stets auch die Möglichkeit der Mediation in Erwägung ziehen und ihnen, wenn sie einen Fall für geeignet halten, dazu raten, ein Mediationsverfahren durchzuführen.

C. Kosten der Mediation

Es wurde eben dargestellt, dass die Kosten eines Mediationsverfahrens im Regelfall geringer sind als die eines Gerichtsverfahrens. Dies gilt insbesondere, wenn das Gerichtsverfahren mehrere Instanzen durchlaufen würde. Es fallen einzig die Kosten für den Mediator und die Rechtsanwälte an, die die Parteien in die Mediation begleiten. Ein weiterer Kostenfaktor ist die Rechtsunsicherheit, die bei einem Instanzenzug beide Parteien daran hindert, frei zu disponieren.

Über die Höhe des Honorars für den Mediator einigen sich die Parteien ebenso vorab (hierzu § 34 RVG) wie über die Frage der Kostentragung für die Anwälte. Bei innerbetrieblichen Konflikten hat es sich eingebürgert, dass das Unternehmen die Kosten übernimmt.

Anders als im gerichtlichen Verfahren, in denen bedürftige Parteien eine Prozesskostenhilfe beantragen können, gibt es **keine** staatliche **Mediationskostenhilfe** für Mediationsverfahren. Forderungen nach einer Mediationskostenhilfe nehmen zu, da die Mediation ansonsten nur zahlungskräftigen Parteien offenstünde.

Gerichte haben zumindest entschieden, dass die Prozessführung mutwillig ist und Prozesskostenhilfe nicht gewährt wird, wenn die Partei ein erfolgversprechendes Mediationsverfahren ausschlägt. Hiermit wird unter Umständen ein mittelbarer Zwang zur Durchführung eines Mediationsverfahrens vor Klagerhebung eingeführt, welcher die staatliche Kostenübernahme für Mediationsverfahren begründen könnte.

Bedürftige Medianten können sich an solche Stellen wenden, die Mediationsverfahren kostenlos anbieten (in Hamburg etwa die Öffentliche Rechtsauskunft, ÖRA).

Rechtsschutzversicherte Mediaten können bei ihrer Rechtsschutzversicherung in Erfahrung bringen, ob diese auch für die Kosten eines Mediationsverfahrens aufkommt. Meistens ist eine grundsätzliche Bereitschaft vorhanden, da die **Rechtsschutzversicherer** hoffen, dass der Rechtsstreit dadurch schneller und kostengünstiger beigelegt wird. Einige Rechtsschutzversicherer haben die Mediation bereits in ihren Leistungskatalog aufgenommen.

D. Anwendungsfelder der Mediation

Wo kann die Mediation eigentlich eingesetzt werden? Die Einsatzbereiche der Mediation sind fast unbegrenzt. Besonders verbreitet ist sie im zivilrechtlichen Bereich auf dem Gebiet des **Erb- und Familienrechts**, aber auch etwa im **Gesellschafts- und Arbeitsrecht** findet sie in Form der Wirtschaftsmediation regen Gebrauch.

Im **Verwaltungsrecht** ist die Mediation gerade bei einer Vielzahl von Beteiligten, etwa bei Streitigkeiten um Flughafenerweiterungen zu finden. Insbesondere bei Verfahren, bei denen eine Vielzahl an Personen auf verschiedenen Seiten steht, bietet sich eine Mediation an, da diese durch einen Gerichtsprozess kaum zu bewältigen wären. Im Strafrecht findet die Mediation im Bereich des **Täter-Opfer-Ausgleichs** Anwendung. Auch im Bereich des Telekommunikationsrechts hat sie Bedeutung; in § 124 TKG ist sie sogar definiert. Mediation wird verbreitet auch in Schulen angewendet. Auch die Bundeswehr hat die Mediation inzwischen für sich entdeckt und schult ihre Offiziere vor Auslandseinsätzen in Mediationstechniken, um vor Ort zwischen verfeindeten Gruppen vermitteln zu können.

Eine Sonderstellung nimmt die **Online Dispute Resolution** (ODR) ein, bei der es um Streitigkeiten geht, die ihren Ursprung in der Nutzung des Internets haben (etwa Streit um Domain-Namen). Die Kommunikation zwischen den Konfliktparteien erfolgt auf elektronischem Wege, insbesondere per E-Mail.

E. Mediationseignung von Konflikten

Wann ist die Mediation ungeeignet? Im Prinzip gibt es nur wenige Negativkriterien für die Mediation. Sie ist etwa ungeeignet, wenn

- es um die Entscheidung reiner Rechtsfragen,
- Fälle von grundlegender Bedeutung
- oder um Präzedenzentscheidungen für eine Vielzahl gleichgelagerter Fälle geht.

Hier sind die Parteien besser beraten, ihren Streit vor ein Gericht zu bringen.

In allen anderen Verfahren, insbesondere in solchen, in denen die Parteien auch **in der Zukunft zusammen auskommen** müssen, bietet sich ein Mediationsverfahren an. Eine langjährige gerichtliche Auseinandersetzung zerstört hingegen das persönliche Verhältnis oftmals tiefgreifend und der eine will mit dem anderen danach nichts mehr zu tun haben. Nicht selten kommt es demgegenüber nach einem Mediationsverfahren vor, dass die Parteien sich wieder in die Augen sehen können und das persönliche Verhältnis bereinigt ist.

Mediation kann darüber hinaus in Fällen sinnvoll sein, in denen der Konflikt nicht in direkten Gesprächen bzw. Verhandlungen gelöst werden kann, da sich die Konfliktaustragung in der Sackgasse befindet. Auch kann die Komplexität eines Konflikts Anlass dafür sein, statt eines Gerichts- ein Mediationsverfahren zu wählen.

F. Wie gelangt ein Konflikt in die Mediation?

Wie kommen die Medianten überhaupt dazu, einen Mediator aufzusuchen?

In jedem Fall können sich die Parteien bei einem entstehenden Konflikt auch darauf verständigen, ein Mediationsverfahren durchzuführen. Der Anstoß hierfür kann von einem Richter oder Anwalt kommen oder die Parteien kommen selbst auf die Idee, eine Mediation durchzuführen.

Um einen geeigneten Mediator zu finden, halten etwa Handelskammern Mediatorenlisten bereit. Die Parteien können sich einen Mediator auch empfehlen lassen. Wichtig ist allerdings stets, dass der Mediator nicht von einer der Parteien vorgeschlagen wird, da in diesem Fall für die andere Partei stets die Befürchtung besteht, der Mediator sei nicht allparteilich. Schon diese Befürchtung reicht dann dafür aus, dass die Partei die Mediation dann zumindest nicht mit diesem Mediator durchführen will.

Im Idealfall sind alle Konfliktparteien mit der Mediation vertraut und haben beschlossen, eine Mediation durchzuführen, um den Konflikt zu beseitigen. Ähnlich gestaltet es sich, wenn die Mediation schon vor Entstehen des Konflikts in Vertragsklauseln oder durch andere Vereinbarungen geregelt worden ist.

Immer häufiger finden sich in Verträgen **Mediationsklauseln**, welche die Vertragsparteien dazu verpflichten, vor Anrufung eines Gerichts ein Mediationsverfahren erfolglos durchgeführt zu haben. Nicht selten werden diese noch mit einer **Schiedsgerichtsklausel** kombiniert, wonach nach einem erfolglosen Mediationsverfahren sogar noch vor einem Gerichtsverfahren ein Schiedsgerichtsverfahren erfolglos durchlaufen worden sein muss. Diese Kombinationsklauseln werden nach dem angloamerikanischen Vorbild

Mediation-Arbitration-Klauseln, oder kurz **Med-Arb-Klauseln** genannt.

Zunehmend finden sich Mediationsklauseln oder Med-Arb-Klauseln auch in **Allgemeinen Geschäftsbedingungen**. Bei diesen Klauseln ist allerdings gegenwärtig noch unklar, ob sie nicht überraschende Klauseln im Sinne des § 305 c BGB darstellen. Angesichts der zunehmenden Verbreitung der Mediation dürfte dies zukünftig kaum der Fall sein.

Größere Unternehmen können sich bei betriebsinternen Streitigkeiten auch schriftlich dazu verpflichten, bei Entstehen eines Konflikts zunächst eine Mediation durchzuführen. Mit einer solchen Selbstverpflichtungserklärung tragen sie dazu bei, den Gedanken der Mediation vorzuleben.

Exkurs: Zwang zur Mediation?

In der Diskussion steht, ob es nach dem Vorbild einiger Bundesstaaten der USA einen gesetzlichen Zwang zur Durchführung einer Mediation vor einem Gerichtsprozess geben sollte.

Hiergegen spricht, dass die Mediation freiwillig sein und von beiden Parteien ohne Konsequenzen jederzeit abgebrochen werden können soll. In der Literatur werden überdies auch Bedenken verfassungsrechtlicher Art (Stichwort: staatlicher Justizgewährleistungsanspruch) geäußert.

G. Rechtliche Aspekte der Mediation

Eine Lösung in einem Mediationsverfahren kann und soll Ergebnisse liefern, die über gesetzliche Rechtsfolgen hinausgehen. Die beste rechtliche Lösung muss nicht zwingend die beste wirtschaftliche Lösung für die Medianten sein. Die Mediation hebt sich also ein Stück weit vom Recht ab. Gleichwohl findet die Mediation selbstverständlich auf Grundlage des geltenden Rechtssystems statt. Das bedeutet, dass eine Reihe an rechtlichen Vorschriften zu beachten sind. Zu den rechtlichen Aspekten gehören insbesondere:

I. Mediatorenhaftung

Anders als der Rechtsanwalt berät der Mediator die Parteien nicht rechtlich. Schon aus diesem Grund ist das Haftungspotential des Mediators geringer als das des Anwalts. Gleichwohl drohen auch dem Mediator **potentielle Haftungsrisiken**, wenn die Parteien durch ein ursächliches Verhalten des Mediators einen Schaden erleiden.

Der Mediator hat darauf zu achten, dass das Verfahren ordnungsgemäß abläuft. Insbesondere hat er seine Allparteilichkeit zu wahren, Gründe darzulegen, die Zweifel an seiner Neutralität aufkommen lassen können und die Verschwiegenheitspflichten zu wahren. Daneben kommen auch Pflichtverletzungen aus spezifischen berufsrechtlichen Regelungen in Betracht. Verletzt der Mediator diese Pflichten, kann er sich den Parteien gegenüber nach §§ 280 ff. BGB schadensersatzpflichtig machen. Außerdem kommen Ersatzansprüche aus § 311 Abs. 2 BGB bzw. § 286 BGB gegen den Mediator bei entsprechenden Pflichtverletzungen in Betracht. Ferner ist eine deliktische Haftung aus §§ 823, 826 BGB denkbar.

Wer als Rechtsanwalt oder Notar tätig wird, hat ohnehin eine Berufshaftpflichtversicherung (§ 51 BRAO), von der auch die Mediationstätigkeit erfasst ist. Anders sieht es bei Mediatoren aus anderen Berufsgruppen aus. Um die Haftungsrisiken, die aus einer Mediatorentätigkeit resultieren können, zu minimieren, empfiehlt sich daher auch für diese Berufsgruppen der Abschluss einer Haftpflichtversicherung, wenn eine Tätigkeit als Mediator aufgenommen werden soll.

II. Verschwiegenheitspflicht

In einem Mediationsverfahren ist es für eine optimale Lösungsfindung oft erforderlich, dass auch vertrauliche Informationen offenbart werden. Könnte eine Partei im Nachhinein diese Informationen gegen die andere Partei verwenden, wäre allein schon wegen dieser **Missbrauchsgefahr** die Neigung, Informationen zu offenbaren, sehr gering. Daher spielen sowohl Verschwiegenheitspflichten des Mediators als auch der Parteien eine große Rolle.

Zahlreiche berufsrechtliche Regelungen enthalten Verschwiegenheitspflichten für den Mediator (z. B. § 43 a Abs. 2 BRAO, § 18 BNotO § 63 WPO, § 57 StBG). Im Übrigen kann sich die Verschwiegenheitspflicht auch aus § 203 Abs. 1 StGB ergeben. Allerdings treten die dort genannten Berufsgruppen bei einem Mediationsverfahren mit Ausnahme von Anwälten (§ 18 BORA) nicht in Ausübung ihrer beruflichen Tätigkeit auf. Auch fallen längst nicht alle Berufsgruppen, die Mediation ausüben, unter die gesetzliche Aufzählung. Schon aus diesem Grund sollte die Verschwiegenheitspflicht des Mediators **vertraglich abgesichert** werden. Für den Strafprozess gilt das Zeugnisverweigerungsrecht des § 53 StPO.

Ob dem Mediator darüber hinaus im Zivilprozess generell ein Zeugnisverweigerungsrecht nach § 383 Abs. 1 Nr. 6 ZPO zusteht, ist umstritten. Auch diesbezüglich bieten sich entsprechende vertragliche Regelungen an. In den Verträgen sollten für den Fall des Verstoßes entsprechende Sanktionen vereinbart werden.

Wichtig ist ferner, dass der Mediator klarstellt, dass er in Zukunft auch keinen der Medianten in der Sache alleine vertreten wird, etwa als Anwalt.

Die Parteien untereinander können und sollten ebenfalls vertragliche Abreden darüber treffen, dass vertrauliche Informationen aus der Mediation nicht in einem späteren Prozess gegen sie verwendet werden dürfen. Im Zivilprozess ergibt sich die Zulässigkeit eines solchen Vorgehens schon aus dem Dispositionsgrundsatz. Um sich die Formulierung umfangreicher Vertragsregelungen zu ersparen, können die Parteien auch auf eine Mediationsordnung verweisen. Selbst wenn keine ausdrücklichen Vereinbarungen zur Vertraulichkeit getroffen wurden, kann wegen des Wesens der Mediation richtigerweise von einer zumindest stillschweigenden Vereinbarung der Vertraulichkeit ausgegangen werden.

III. Strafrechtliche Aspekte

Dem Mediator können strafrechtliche Sanktionen drohen, wenn er seine Verschwiegenheitspflicht verletzt (§§ 203, 204 StGB). Ferner kommen strafrechtliche Risiken wegen Parteiverrats (§ 356 StGB) sowie wegen Nichtanzeige geplanter Straftaten (§ 138 StGB) in Betracht.

IV. Unzulässige Rechtsberatung

In der Vergangenheit war in Rechtsprechung und Literatur äußerst umstritten, ob und wenn ja unter welchen Voraussetzungen die Mediation eine erlaubnispflichtige Rechtsberatung nach Art. 1 § 1 Abs. 1 RBerG darstellt. Eine Minderansicht hielt die Mediation stets für eine erlaubnispflichtige Rechtsberatung, so dass sie gemäß Art. 1 § 3 Nr. 2 RBerG im Wesentlichen nur Volljuristen ausüben könnten. Andere stellten auf den Einzelfall ab und differenzierten danach, inwieweit der Mediator auch bei der rechtlichen Ausgestaltung der Vereinbarung Hilfestellung leistete. Die Rechtsprechung entschied je nach Einzelfall.

Tritt das am 11. Oktober 2007 vom Bundestag beschlossene neue Rechtsdienstleistungsgesetz wie vorgesehen am 1. Juli 2008 in Kraft (der Bundesrat hat seine Zustimmung am 09. November 2007 erteilt), dürfte sich diese Problematik weitgehend erledigt haben. In **§ 2 Abs. 3 Nr. 4 RDG-E** soll ausdrücklich festgelegt werden, dass Mediation und jede vergleichbare Form der gesprächsleitenden Streitbeilegung einschließlich der Protokollierung einer Abschlussvereinbarung **keine Rechtsberatung** darstellen, sofern die Tätigkeit nicht durch rechtliche Regelungsvorschläge in die Gespräche der Beteiligten eingreift. Gleichwohl können hier **Abgrenzungsproblematiken** bei der Frage entstehen, wann rechtliche Inhalte betroffen sind.

V. Bezeichnung als Mediator

Ein weiteres problematisches Feld ist die Berufsbezeichnung als Mediator. Bis auf den für Rechtsanwälte geltenden **§ 7 a BORA** gibt es keine gesetzlichen Regelungen. Nach dieser Vorschrift darf die Bezeichnung Mediator führen, wer durch eine geeignete Ausbildung nachweisen kann, dass er die Grundsätze des Mediationsverfahrens beherrscht. Wann dies der Fall ist, ist noch nicht abschließend geklärt. § 7 a BORA wird wegen der mangelnden Bestimmtheit nicht selten als verfassungswidrig erachtet.

Für die Angehörigen anderer Berufsgruppen gelten bei der Berufsbezeichnung lediglich die **wettbewerbsrechtlichen Grenzen**, insbesondere §§ 1, 3 UWG.

H. Ausbildung

Zuletzt die Frage: Wie wird man nun Mediator? Die Ausbildung zum Mediator ist in Deutschland nicht gesetzlich geregelt. Es gibt zahlreiche Anbieter, die derartige Ausbildungen offerieren. Die Angebote reichen von universitären Studiengängen über längere Ausbildungen bis hin zu Wochenendseminaren.

Allen Ausbildungsmöglichkeiten ist jedoch gemein, dass die Inhalte der Mediation anhand von ausführlichen Unterlagen unter Heranziehung wissenschaftlicher Erkenntnisse vermittelt und dann in zahlreichen Praxissimulationen vertieft werden. Da sich die Mediation nicht vom Recht löst, werden auch die hierbei zu beachtenden rechtlichen Grenzen vermittelt. Die Ausbildung schließt dann in der Regel mit einer aus einem schriftlichen, mündlichen und praktischen Teil bestehenden Prüfung ab. Anschließend erhält der Teilnehmer eine Urkunde, die ihm im Regelfall die Möglichkeit bietet, den Nachweis nach § 7a BORA zu führen, mit den Grundkenntnissen der Mediation vertraut zu sein.

Derzeit gibt es verschiedene Bestrebungen, Standards für die Ausbildung zum Mediator einzuführen. So soll etwa nach dem Entwurf des Niedersächsischen Mediationsgesetzes eine mindestens 150stündige Präsenzausbildung erforderlich sein. Außerdem soll die Durchführung einer bestimmten Anzahl an Mediationsverfahren erforderlich sein. Ausbildungsziele und -inhalte sollen gezielt festgeschrieben werden.

Ob sich solche Standards aber durchsetzen werden und ob sie überhaupt sinnvoll sind, ist derzeit noch völlig offen. Zu berücksichtigen ist stets, dass es sich bei der Mediation gemessen am Recht, um ein noch junges Tätigkeitsfeld handelt, dessen Entwicklung bei weitem noch nicht abgeschlossen ist und deren Methoden und Techniken durch die Praxis und die wissenschaftliche Forschung immer weiter verfeinert und verbessert werden.

Die Etablierung von Ausbildungsstandards für die Mediationsausbildung birgt die Gefahr in sich, dass die Mediation in ein Korsett gepresst wird, dass sich bald als zu eng erweist. In jedem Fall gilt aber: Wer sich schon jetzt zum Mediator ausbilden lässt, kann sicher sein, auch bei einer späteren gesetzlichen Regelung das Recht zur Bezeichnung als Mediator nicht zu verlieren, sofern die Ausbildung die Anforderungen des § 7a BORA erfüllt.

Zum Abschluss hier eine Liste mit **Instituten und Bundesverbänden**, die Mediationsausbildungen anbieten oder bei denen Ausbildungsanbieter erfragt werden können:

- Bundesverband Mediation e. V. (BM), www.bmev.de
- Bundes-Arbeitsgemeinschaft für Familienmediation e. V. (BAFM), www.bafm-mediation.de
- Deutsche Gesellschaft für Mediation (DGM), www.dgm-web.de
- Centrale für Mediation (CfM), www.centrale-fuer-mediation.de
- Bundesverband Mediation in Wirtschaft und Arbeitswelt e. V. (BMWA), www.bmwa.de
- Gesellschaft für Wirtschaftsmediation und Konfliktmanagement e. V. (GWMK), www.gwmk.org
- Gesellschaft für Schlichtung und Mediation, www.mediationsgesellschaft.de
- Europa-Universität Viadrina Frankfurt/Oder: Master-Studiengang Mediation
- Ruhr-Universität Bochum: Studium Mediation und Konfliktmanagement in Wirtschaft und Arbeitswelt
- FernUniversität Hagen: Aufbaustudium Mediation

▶ Unsere 📖 Skripten 🗂 Karteikarten 👂 Hörbücher (Audio-CDs)

Zivilrecht (je 6,60 €*)
- 📖 Standardfälle für Anfänger und 📖 Standardfälle für Fortg.
- 📖 Grundlagen und Fälle BGB für 1. und 2. Sem. (9,90 €)
- 📖 Standardfälle BGB AT
- 📖 Standardfälle Schuldrecht (7,90 €)
- 📖 Standardfälle Ges. Schuldverh. (§§ 677, 812, 823)
- 📖 Standardfälle Sachenrecht
- 📖 Standardfälle Familien- und Erbrecht
- 📖 Originalklausuren Übung für Fortgeschrittene
- 📖 👂 Basiswissen BGB (AT) (Frage-Antwort)
- 📖 👂 Basiswissen SchuldR (AT) und 📖 👂 SchuldR (BT)
- 📖 👂 Basiswissen Sachenrecht, 📖 👂 FamR, 📖 👂 ErbR
- 📖 Einführung in das Bürgerliche Recht
- 📖 BGB (AT) (9,90 €)
- 📖 Schuldrecht (AT) (9,90 €)
- 📖 Schuldrecht (BT) 1 - §§ 437, 536, 634, 670 ff.
- 📖 Schuldrecht (BT) 2 - §§ 812, 823, 765 ff.
- 📖 SachenR 1 – Bewegl. S., 📖 SachenR 2 – Unbewegl S.
- 📖 Familienrecht und 📖 Erbrecht
- 📖 Streitfragen Schuldrecht
- 📖 👂 Definitionen für die Zivilrechtsklausur (9,90 €)

Strafrecht (je 6,60 €*)
- 📖 Standardfälle für Anfänger Band 1 (9,90 €)
- 📖 Standardfälle für Anfänger Band 2
- 📖 Standardfälle für Fortgeschrittene (9,90 €)
- 📖 👂 Basiswissen Strafrecht (AT) (Frage-Antwort)
- 📖 Basiswissen Strafrecht (BT) in Vorbereitung
- 📖 Strafrecht (AT)
- 📖 Strafrecht (BT) 1 – Vermögensdelikte (7,90 €)
- 📖 Strafrecht (BT) 2 – Nichtvermögensdelikte (7,90 €)
- 📖 Jugendstrafrecht/Strafvollzug/Kriminologie
- 📖 👂 Definitionen für die Strafrechtsklausur

Öffentliches Recht (je 6,60 €*)
- 📖 Standardfälle Staatsrecht I – StaatsorgaR (9,90 €)
- 📖 Standardfälle Staatsrecht II – Grundrechte (9,90 €)
- 📖 Standardfälle für Anfänger (StaatsorgaR u. Grundrechte)
- 📖 Standardfälle Verwaltungsrecht (AT) (7,90 €)
- 📖 Standardfälle Verwaltungsrecht für Fortgeschrittene
- 📖 Standardfälle Baurecht (7,90 €)
- 📖 Standardfälle Europarecht (7,90 €)
- 📖 👂 Basiswissen Staatsrecht I – StaatsorgaR (Frage-Antw.)
- 📖 👂 Basiswissen Staatsrecht II – GrundR (Frage-Antw.)
- 📖 Basiswissen Verwaltungsrecht AT– (Frage-Antwort)
- 📖 Staatsorganisationsrecht (9,90 €)
- 📖 Grundrechte (9,90 €)
- 📖 Staatshaftungsrecht (7,90 €)
- 📖 Verwaltungsrecht (AT) 1 - VwVfG
- 📖 Verwaltungsrecht (AT) 2 – VwGO
- 📖 Verwaltungsrecht (BT) 1 – POR (7,90 €)
- 📖 Verwaltungsrecht (BT) 2 – Baurecht
- 📖 Verwaltungsrecht (BT) 3 – Umweltrecht
- 📖 👂 Europarecht (9,90 €)
- 📖 👂 Definitionen Öffentliches Recht (9,90 €)

Steuerrecht (je 6,60 €*)
- 📖 Abgabenordnung (AO)
- 📖 Einkommensteuerrecht (EStG) (7,90 €)
- 📖 Umsatzsteuerrecht (UStG) (7,90 €)
- 📖 Erbschaftsteuerrecht: erscheint ca. April 2008!
- 📖 Steuerstrafrecht/Verfahren/Steuerhaftung (7,90 €)

Sozialrecht (je 6,60 €*)
- 📖 Kinder- und Jugendhilferecht
- 📖 Sozpäd. Diagn.: SPFH & ambul. Hilfen d. KJH
- 📖 Sozialrecht

Nebengebiete (je 6,60 €*)
- 📖 Standardfälle Handels- & GesellschaftsR
- 📖 Standardfälle Arbeitsrecht (7,90 €)
- 📖 👂 Basiswissen Handelsrecht (Frage-Antwort)
- 📖 👂 Basiswissen Gesellschaftsrecht (Fra.-Antw.)
- 📖 👂 Basiswissen ZPO (Frage-Antwort) (7,90 €)
- 📖 👂 Basiswissen StPO (Frage-Antwort)
- 📖 Handelsrecht
- 📖 Gesellschaftsrecht
- 📖 Arbeitsrecht (7,90 €)
- 📖 Kollektives Arbeitsrecht (7,90 €)
- 📖 ZPO I – Erkenntnisverfahren (7,90 €)
- 📖 ZPO II – Zwangsvollstreckung
- 📖 Strafprozessordnung – StPO
- 📖 Internationales Privatrecht – IPR (7,90 €)
- 📖 Insolvenzrecht
- 📖 Gewerbl. Rechtsschutz/Urheberrecht (7,90 €)
- 📖 Wettbewerbsrecht (7,90 €)
- 📖 500 Spezial-Tipps f. Juristen (10,90 €)
- 📖 Mediation (7,90 €)

Karteikarten (je 8,90 €)
- 🗂 Grundlagen des Zivilrechts
- 🗂 Streitfragen Strafrecht
- 🗂 Strafrecht (BT) 1 - Vermögensdelikte
- 🗂 Strafrecht (BT) 2 – Nichtvermögensdelikte

Assessorexamen (je 6,60 €*)
- 📖 Die Relationstechnik
- 📖 Der Aktenvortrag im Strafrecht
- 📖 Der Aktenvortrag im Wahlfach Strafrecht
- 📖 Der Aktenvortrag im Zivilrecht
- 📖 Der Aktenvortrag im Öffentlichen Recht
- 📖 Urteilsklausuren Zivilrecht
- 📖 Anwaltsklausuren Zivilrecht
- 📖 Staatsanwaltl. Sitzungsdienst & Plädoyer
- 📖 Die strafrechtliche Assessorklausur
- 📖 Die öff.-rechtl. Assessorklausur Bd.1 (7,90 €)
- 📖 Die öff.-rechtl. Assessorklausur Bd.2
- 📖 Zwangsvollstreckungsklausuren
- 📖 Vertragsgestaltung in der Anwaltsstation

BWL & VWL (je 6,60 €*)
- 📖 Einführung in die Betriebswirtschaftslehre
- 📖 Einführung in die Volkswirtschaftslehre
- 📖 Ratg. „500 Spezial-Tipps für BWLer“
- 📖 Rechnungswesen
- 📖 Marketing
- 📖 Organisationsgestaltung & -entwickl. (7,90 €)
- 📖 Internationales Management
- 📖 Unternehmensführung
- 📖 Wie gelingt meine wiss. Abschlussarbeit?
- 📖 Ratgeber Assessment Center

Schemata (9,90 €)
- 📖 Die wichtigsten Schemata - ZivR,StrafR,ÖR
- 📖 Die wichtigsten Schemata - Nebengebiete

* 6,60 Euro, soweit nicht ein anderer Preis in ( ) angegeben ist! Irrtümer/Änd. vorbehalten!

👂 bedeutet: auch als **Hörbuch** (Audio-CD) lieferbar (7,90 €)

Im **niederle-shop.de** bestellte Artikel treffen idR *nach 1-2 Werktagen* ein!